记忆中的 徐文达先生

JIYI ZHONG DE
XU WENDA XIANSHENG

徐晓梅——编

山西出版传媒集团　北岳文艺出版社

·太原·

图书在版编目（CIP）数据

记忆中的徐文达先生 / 徐晓梅编 . — 太原：北岳文艺出版社，2020.9
ISBN 978-7-5378-6276-9

Ⅰ．①记… Ⅱ．①徐… Ⅲ．①徐文达（1922-2000）—生平事迹 Ⅳ．① K825.72

中国版本图书馆 CIP 数据核字（2020）第 164750 号

记忆中的徐文达先生

徐晓梅　编

//

策划	出版发行：山西出版传媒集团·北岳文艺出版社
续小强	地址：山西省太原市并州南路 57 号　邮编：030012
	电话：0351-5628696（发行部）　0351-5628688（总编室）
责任编辑	传真：0351-5628680
谢放	网址：http://www.bywy.com　E-mail：bywycbs@163.com
	经销商：新华书店
书籍设计	印刷装订：山西新华印业有限公司
张永文	
	开本：710mm×1000mm　1/16
印装监制	字数：180 千字　印张：12.75
郭勇	版次：2020 年 9 月第 1 版
	印次：2020 年 9 月山西第 1 次印刷
	书号：ISBN 978-7-5378-6276-9
	定价：68.00 元

本书版权为本社独家所有，未经本社同意不得转载、摘编或复制

徐文达先生

代序

　　山西书法源远流长，代不乏人。以山西书法事业而论，除郑林先生以外，首先想到的便是徐文达同志了。

　　自山西省书法研究会恢复活动、中国书法家协会山西省分会成立伊始，徐文达同志一直致力于推动山西书法事业的发展。他团结了一批甚有功底的书法家及爱好者，参与、组织了许多山西书法界重要活动，发现、培养了一大批书法新秀，为山西书法事业的繁荣做出了卓越贡献。这在山西乃至全国可谓独树一帜，有目共睹。

　　徐文达同志一生好学多艺，诗、书、画、印皆工，尤以书法见长。他的字早年宗法晋唐，脉承传统，中年追摹傅山，晚年兼容碑帖，形成了气势磅礴、刚柔相济的自家风范。

　　长期以来，我都在思考一个问题：书法在其发展过程中，它丢掉了什么，又得到了什么？它丢掉了古人对汉字的热爱和尊敬、对汉字优美的体验、对汉字韵味的追求。简而言之：丢掉了汉字的典雅之美。得到了时兴的、不断变换的世俗之美。但当我们面对徐文达同志的书法作品时，那种气势雄浑、连绵跌宕、简洁率真之气扑面而来。这种久违的美，让人们烦躁的心灵得到安宁。

徐文达同志长我六岁，又是我的同乡，今年是他逝世二十周年，此书的出版，是众望所归，也是对逝者最好的纪念。

2020年7月14日
林鹏

目录

老夫常发少年狂
　　——我所知道的徐文达先生　　/周祥林　001
追忆徐文达先生
　　——袁旭临先生日记摘录　/008
熔铸于实践　服务于民众
　　——徐文达先生的书法艺术　　/赵望进　013
不可忘却的纪念　/吴高歌　017
忆徐文达先生　/吴高歌　023
精神长存天地间　/长安居　027
永远的怀念
　　——恩师徐文达先生逝世二十周年祭　　/贾起家　033
道之所存，师之所存
　　——写在先师徐文达先生逝世一周年之际　　/刘锁祥　044
山右寒梅晚来香
　　——徐文达先生书法艺术及其他　　/刘锁祥　047
灯塔·樵父
　　——追随徐文达先生习书的往事　　/魏立刚　052
从徐文达先生手札中得到的启示　/沈晓英　057

徐文达先生为家父写祝寿辞　　／柴建国　061
我的一句之师
　　——怀念徐文达先生　　／陈建明　063
徐文达先生二三事　　／河东一苇　065
文以载道　书能达神
　　——记恩师徐文达先生身前教诲二三事　　／武　磊　068
高深如圣人，平易如百姓
　　——深切缅怀徐文达先生　　／赵建章　073
徐文达先生的最后时光　　／刘永新　079
人书俱老徐文达　　／王彦平　082
徐文达与卫俊秀的"书"缘　　／赵万怀　085
广泛涉猎，锐意追求　　／素　石　087
古砚新生记　　／佚　名　089
徐文达治砚　　／姚姬娥　093
回忆恩师徐文达先生　　／李治国　096
文达先生　　／黄京生　101
怀念我的恩师徐文达　　／崔　华　105
写于恩师辞世十年之际　　／牛小平　108
我的恩师——徐文达爷爷　　／郭志宏　110
常把艰辛当乐为
　　——访著名书法家徐文达　　／黄京生　112
我欠他一个道歉
　　——访中国书法家协会顾问谢云　　／蒋　殊　114
我对他最了解
　　——访山西省书法家协会名誉主席林鹏　　／蒋　殊　117
怀念他的时候，我们需要一点激情
　　——访《中国书法》杂志主编朱培尔　　／蒋　殊　122
徐文达是山西地域书风的代表者
　　——访《中国书法》杂志原主编刘正成　　／蒋　殊　126
写傅山，不是傅山，是徐文达
　　——访著名书法篆刻家邓明阁　　／蒋　殊　130

他不是个计较的人
　　——访著名书法家赵承楷　　／蒋　殊　134
三晋大地的翰墨巨笔
　　——访著名书法家袁旭临　　／蒋　殊　138
他既有老革命传统品格，又有文人风骨
　　——访山西省书法家协会名誉主席赵望进　　／蒋　殊　140
他是我的伯乐
　　——访山西省书法家协会顾问田树苌　　／蒋　殊　144
他的书法达到一种挥洒自如却不逾矩的高度
　　——访山西省文联主席郭健　　／蒋　殊　150
新中国成立以来山西书法的奠基人就是徐文达
　　——访山西省书法家协会主席石跃峰　　／蒋　殊　154
他是山西书法界一座丰碑
　　——访山西省书法家协会副主席王志刚　　／蒋　殊　157
我的父亲徐文达　　／徐晓梅　163
严父？慈父！　　／徐晓梅　167

附　录
　在"徐文达书法展"开幕式上的讲话（之一）　　／刘　艺　173
　在"徐文达书法展"开幕式上的讲话（之二）　　／赵望进　175
　《徐文达书法集》序一　　／刘　艺　177
　《徐文达书法集》序二　　／姚国瑾　182
　翰墨自沃土，龙蛇竞笔端
　　　——贺《徐文达书法篆刻集》面世　　／田树苌　186
　澄泥砚发展的新阶段
　　　——《徐氏澄泥砚》序　　／蔡鸿茹　188
　泥砚飘墨香
　　　——《徐氏澄泥砚》评介　　／李裕民　董国成　191

老夫常发少年狂
——我所知道的徐文达先生

周祥林

（一）

去岁深秋，因《中国书法全集·傅山卷》的编辑需要，我专程去山西太原拜访了该卷主编林鹏先生。林先生热情而健谈，极具长者风范。临别时，林先生又向我介绍了太原的另一位老书家徐文达先生，嘱我有时间可去探望。徐文达先生是我久已敬仰的老书家之一，只是由于时间与空间的关系，一直未能仰其高仪、求其教诲。有此良机，焉能错过。

对徐先生的书法，我是颇为熟悉的，尤其是他那带有傅山意味的草书，已在我的脑海中留下了很深的印象。在我的想象中，能写出这样草书的人，也必然是威严而强壮的，至少不会是很文弱的。然而，当我看到徐先生，看到徐先生那满墙满壁的书法近作时，我的印象与想象全部都不复存在了。徐先生的人文弱得令你吃惊，徐先生的字变化得也令你吃惊。他的字，尤其是他的草书，除了保留了傅山那脱略蹊径的狂狷之气外，越发突出的是自己的风格、自己的个性。同样令你吃惊的是他那份对艺术执着再执着的狂热，这哪里是一位年逾七十的老人所为哟！

这使我对徐先生的书法产生了更多的认知与思考，也对徐先生的人产生了更多的关注与探求意愿。

徐文达,字敬山,笔名岩樵,别号泥翁,河北省完县(今顺平县)人。1922年出生,1943年参加革命,曾任保定地委宣传部文工团团长、运城行署文化局副局长、山西省博物馆馆长等职。现为山西省博物馆名誉馆长、山西省书协副主席,他还是中国书法家协会会员、中国诗词学会会员。

从这短短的简历中可以看出,徐先生所从事的职业,无不与文化有关,也正是这与文化有关的职业,使他在各种艺术领域内都有了涉足。青年时代,他曾在相当长的时间里从事音乐、戏剧工作,创作过歌剧、话剧、电影文学剧本,还发表过大量的戏剧、电影评论文章。对于书法、篆刻,尽管他从儿时即涉足,并认真临习过柳公权、赵孟頫、董其昌,但真正地转入与投入却起始于20世纪50年代。1954年,他从河北调到山西,一次偶然,被傅山的作品及人品吸引,从此便立志师其字、师其人。

(二)

徐先生是这么想的,也是这么做的。这一点我们从徐先生的早期作品中不难看出端倪。草书一体,自汉张芝后,可谓代不乏人,唐之张旭、怀素、高闲,宋之山谷、赵构,元之张雨、鲜于枢,其作均美不胜收,但若从激烈张扬个性的角度来看,明季徐渭、王铎、傅山似最为突出。徐先生一入手便以傅山为主,其慧眼、其匠心、其个性、其狂劲不言自明。当然,徐先生更知道傅山、王铎的个性与癫狂并不是由天而降,而是通过几十年对传统的学习,几十年对中国文化的精研,几十年对古代文艺的博采,几十年对书法意境美的参悟而来;因此,他虽然立下学傅山、学王铎的雄心,而手却是在汉魏六朝碑版上下功夫,在晋唐的楷书与行书上下功夫,在先秦的大篆、金文上下功夫。孙过庭说,"草乖使转,不能成字;真亏点画,犹可记文"。徐先生当然深味此语,但徐先生更知道这个"使转"绝不会轻易而来,所以他对那些即便真的是记文的楷书，也从未亏其每一个点画。试看其楷书《般若波罗蜜多心经》，一派晋唐（初唐）楷法，点画朴茂优美，结字方正灵巧，可谓笔笔字字均见功夫。再看其小楷《对书法理论的探求》，虽然在审美情趣上更近墓志意味，但其中透出的文人气蕴，尤其是每点每画，均形到意到而又姿态鲜活。对于篆隶的学习，徐先生似乎也独有己见。从笔调上看，其隶书来自《石门颂》，篆书来自汉篆《袁安袁敞》，但细加审视，其对篆隶的学习，似乎远远超越专以篆隶为终身目标追求的书家，他的篆隶俨然只是一种为其他书体，严格地讲是为他的草书的辅助。事实证明，徐先生此举是极有见地的。试以清代书法观照，乾嘉以后，碑学大兴，尤其是考据风靡以后，以戴震、桂馥等为首的书家更是全身心地投入到篆隶的学习之中。这期间确也出现了许多篆隶大家，如邓石如、伊秉绶、金冬心，直至后世的陈鸿寿、赵之谦等，可谓不胜枚举。遗憾的是乾嘉以后，似乎找不出一个草书大家，除了扬州八怪中的黄慎能作草书外，代表中国书法艺术最高水准、最有艺术性的草书几乎断层。从这个意义上看，徐文达先生对篆隶的学习无疑是极具价值的，一是习篆书，二是用这种方法（应该说这是文人书法的学习模式）。徐先生所崇拜的傅青主，不就是用这种方法来写草书的吗？篆书也写得带有草意，这大概是乾嘉学派的老祖宗们做梦也想不到的事吧！

  徐先生当然不会放松对行书的学习，只是他的脑子中对行书也有着一番自己的见解。楷书自晋代以后至唐，大致有三系。一为晋楷，它对初唐楷书的影响很大。初唐四家，除欧阳询早期师法北碑，其余三家均可视为晋楷之延伸。晋楷的最大特点是在笔法上与行书相通。一为魏楷，即我们通常所说的北碑。这一类楷书大多直接来自隶书，笔法与晋楷迥异。第三为中晚唐颜柳楷书，按照米南宫的说法均为"丑怪恶札之祖"。这一类楷书在笔法上与行书是不相通融的。徐先生正是看到了这些，按他自己的话说："工行草不宜以篆隶、魏碑为起步，此者不胜行草，而行草又不能离开篆隶北碑。"这真是快人快语而又一矢中的。有了这样的思想，其如何学行书，可谓不言也明了。

（三）

如果说对行、楷、篆、隶诸体的认真临习与研究，是徐先生在作字内功的话，那么对诗文、绘画、篆刻、制砚等其他艺术的学习，就该算是徐先生的字外功了。徐先生能诗，尤以古体诗、绝句见长，偶得佳句则自喜不已，颇有杜工部"漫卷诗书喜欲狂"的味道。如自作五古云"仆本老冀晋，曾渡易水寒。陋衣滂沱雨，破履践泥丸。危骑拒马险，坐视紫荆闲。久居三晋地，每每梦中还"。既有陶隐居悠然自乐之趣，又有杜工部"巴峡穿巫峡"之情。又有句云"山鹰爱搏千层雾，海燕喜凌万顷涛"，一泻千里，颇有大家风度。又云"虎步龙行岁斑斓，春长少暮择衣穿。风摆新裁花影动，初车试轨漫重关"，闲情中寓豪气，壮阔中见轻盈，读来令人不能释手。徐先生还擅绘画，尤以花卉胜，兼作山水，亦爽爽有一种风气。爱作大写意，从生活入，从书法入，主张"长枪大戟"，要求于墨韵，每每寓哲理于诗情之中，虽不多作，然一鱼一蟹一禽一叶亦足见幽情风采，透出行家气格，世人每宝之。

篆刻是徐先生书画之余的另一要事，虽无师承，却能自通。初最喜齐白石、吴昌硕等大师的作品，久之，便有了新的感悟，于是转而入秦玺汉印之中，先一求汉味，再脱汉味，贯之于西泠八家及其以后的诸多大家的手法，逐渐便有源有流，源流合一。特别推崇赵之谦"古人有刀又有笔，今人只剩刀和石"之论，又以书法入印，在方寸之间的刀法中求得笔趣，令人扼腕称赞。

除此而外，徐先生还研制了失传已久的著名的"澄泥砚"，在制砚界获得了极高评价，并获得了文化部、轻工部科研奖，还获得了国家的发明专利。新推出的《徐氏澄泥砚》，赢得了社会各界的极大好评。

（四）

当然，与我而言，我最喜爱的还是徐先生的草书，尤其是他草书中表现出的那股狂劲，更令我钦佩不已。

徐先生草书中的狂劲是从何处而来呢？我认为这是与生俱来的。但"与生俱来"的狂者可谓多不胜数，而要想成为"与生俱来"的草书高手，不下一番功夫磨砺显然是不能成功的。徐先生恰恰下了这番功夫。他早期对篆隶行草的深入研习，显然是抱有目的的。这个目的就是后来写草书。这当然还不够，于是他又广及他艺，诗文、金石、绘画等等，这都是一个有作为的艺术家不可缺少的修养。王铎一生留下诗二万余首，并有《文丹》等著作行世；傅山的《霜红龛集》，洋洋洒洒有四十余卷，他们均为满腹诗书的文人。徐先生看到了这一点——他钟情于诗便是说明。他非常清楚诗在中国艺术中的分量，中国是诗的国度，诗的影响可以说是无所不在的。写诗需要才气，没有才气即便写出诗来也难触动人的灵魂。徐渭是诗人，王铎、傅山也是诗人，而且都是以才气胜、以狂气胜的诗人。

这个才气和狂气同样也成就了他们的草书！

大凡作草书，缺少了才气不行，缺少了狂劲也不行。徐先生的才气来自他数十年如一日对中国古文艺的学习；狂气（指作草书时的狂劲）则一来自其先天禀性，一来自其对书法的挚爱，一来自其对书法史的深入理解。

作草书是必须要有才气和狂气（当然，这个狂，不是狂妄，不是唯我独尊；而是指一种境界，一种流动着的艺术感觉）的。

这里不妨让我们来看一看徐先生极为推崇的傅山傅青主。

书法于傅山可谓余事，他的大部分时间都花在读书上，读书是古代文人士大夫的第一要紧事。从《霜红龛集》便知，傅山的书读得是太多太多了。但傅山毕竟不是一位只知读书的书呆子，他还有着卓绝的艺术才华，当诗书与才华交融在一起时，其才气便如长江之水，滚滚而来，势不可挡。

不难看出，徐先生早期的草书受傅山影响极大。如其书《李大钊草书轴》，就一派傅山风韵，一望便知是傅青主法（这正是我印象中徐先生早期草书的模式）。不容置疑，徐先生只要在此基础上将此种草书写得再圆熟一些，便也可在当今书坛找到自己的一席之地，便也必然可以以大家自居，名利也自然会接踵而来——言其成功，断不为过。但徐先生没有这样做，他不仅不再将此类草书写得圆熟，相反还刻意地去抛弃傅青主的影子——他晚年的草书作品便是最好的证明。他要丢掉傅青主，这需要多大的勇气！

徐先生的笔触同时也伸向汉魏，伸向晋唐，伸向明清的其他书家。

试看草书《前出师表》卷，完全是一色的"徐文达法"，"孤蓬自振，惊砂坐飞"的感觉更强烈了。这其中当然也有着某些不足，但较之整体的成功小小的不足便不足道了。此中体现出的旋律美较之其前期作品也更加突出，更加丰富了。如果说张芝《冠军帖》表现出的是一种带有质朴而又华滋的草书之美的话，那么盛唐草书家的草书则更有一种旋律美。这个旋律美就是音乐之美，应该说这是草书表现力的终极，也是任何艺术表现力的终极。徐先生试图以草书来表现音乐的旋律并取得了一定的成功，这必然是令人向往的，他可谓认知到了草书艺术的灵魂。

任何伟大的艺术家，都不能脱离所处的这个时代而独立存在，石涛说，"笔墨当随时代"，确是不容否认的真理。徐先生的书法，尤其是草书，尽管有着深厚的这家那家的传统功夫，但他最终体现的还是他自己，还是那充满新意的时代精神。应该说，这是徐先生孜孜以求的结果，也是他的可贵处与成功处——其书法中狂的价值也正在于此。

"万事阴晴雨后虹"，几十年的默默耕耘，终于赢来了收获，几十年的"阴晴"探索终于见到了满天的"彩虹"。当"徐文达书法展"于1996年11月在北京中国美术馆开幕的时候，立即引起了首都书法界的持续关注，徐文达先生也成了备受瞩目的焦点人物。但奇怪的是，这个徐先生并无半点的傲气，按他自己的话说："这次到北京办展览，仍旧是想听取同道、贤达的指点，旨在创造出更好更新的作品。"这时候，他依然那样平和、那样谦诚，依然是一位落落大度的君子，一位胸怀可以容山纳海的长者。

徐先生是疏狂的，不狂，一个年逾古稀的老人怎能激越地一气挥洒呢？徐先生更是狂热的，他对艺术（书、画、印、砚、诗）几十年如一日执着追求，没有一种狂热精神是很难做到的。

如果说疏狂是一种艺术风格的话，那么狂热则是一种精神，一种奋发向上、努力攀登的追求精神。徐先生的草书、徐先生的为人，展现给我们的不正是这些吗？

追忆徐文达先生
——袁旭临先生日记摘录

1996年2月

今日晨七时许，刚刚起床，徐文达老先生打来电话，谈书法战略事，很使人感慨。

正月初四，春节休假，携书法作品若干，主要是草书条屏和《长恨歌》三十六条屏，赴徐老书舍征询意见。徐老热情、爽健，侃侃而谈，讲得中肯、实在，入木三分，这是他的一贯学风，几乎每次身临书舍都是这样的。他讲我的书法的诸多问题，归结起来是一个"放"字，他说，要开放，要大胆地放、发狂地放。这个话，他九年前就说过，目前仍是主要问题。他又说，对你来说，放是主要问题，厚积薄发，要充分发挥你的功底优势，这是个战略要求。这些话，使我很受启发。当然，也谈了书写内容的选择问题、连贯问题、收放问题、集中练习创作作品问题，这些都属于技巧问题，也就是战术问题。

我觉得放开的"放"，实际上是个"胆识"问题，也是个"感情"问题。要增强"放"的胆识，也就是要打掉思想上许多固有的框框道道，来一个随心所欲，来一个"胆气壮"，来一个"无法无天"。

然而，实践说明，从一个"有法有天"的人突变到"无法无天"，也实属不易。这也是个战略要求。

1996年2月

依徐老嘱，近几日连续作草书，多条屏草书，使随心所欲、无法无天——着实使人费心费神，也着实使人省悟许多。

之后，徐老又来电话，再谈书法"放"的问题，再谈在其书舍看吾书法作品之意见，吾甚感动。事已过数日，徐老对我之书法仍系之于怀，循循善诱，可见其人之真诚无私。我觉得，在山西书界，习书作字不乏其人，而自始至终对书法有真正研究，而且善于总结自己经验，善于从传统中寻找新的精神者，并不多见，但徐老是其一。徐老的可贵之处在于——他的传统功力是不必多说的——他的理论确确实实源自自身的实践总结、多年的实践积累，说起来看似平易，无大奇处，不玄，但仔细想想，很切要害，因而往往有惊人之见解，而且通俗易懂。平易中见奇，可谓大奇。甚不似某些理论，不切时弊，在"玄"上下尽功夫。

人尽老矣，但精神可敬。徐老已七十高龄，仍孜孜不倦。或书，或刻，或画，或读书，或制作澄泥砚——每次去其舍，总是桌地狼藉，不得闲"手"，怡然自乐。"苍龙日暮还行雨，老树春深更著花。"然而他从不思名利，随其自然。

依我看，不思名利者自有名，随其自然者不自然。

这就是榜样，力量无穷。

1997年8月24日

徐文达先生，年已七十又五。今年又将其书作一百余幅晋京搞了一次书法大展。在山西书界，能到北京中国美术馆展出的，姚奠中先生是第一人，徐老先生是第二人。这次展览，影响很大，给山西争了光。中国书协有人评说，徐老之作"晚年乃妙"。徐老先生说，全国已有二十七家报纸杂志对这次展览重点做了介绍。吾听后为之振奋。

最近，他又将其作品再一次在山西省博物馆展出。徐老说："从北京回来，再向山西的观众做一次汇报。"这次展出的除书法作品外，还有澄泥砚、篆刻。

在山西书界，日课书法者、探讨理论者也不乏其人，然真正切中书法之真谛，从实际中总结出来又回到实际中去，真正是实实在在的而不是腾云驾雾的，真正是以书法为宗而不是以书法玩票的，真正是具有理论高度又有实践本领的，真正是肯为艺术献身而不是沽名钓誉的，少之又少。且以我之见，徐先生又堪称其中佼佼者。

徐老先生的字，以追摹傅山先生而名世。近些年，又深入一层，融魏碑及黄山谷等诸家书风，形成新的变法。其草书更具灵气，更显苍古，大笔势猛，浩气万千，从一些大幅条屏中多见此雄姿，其书风已不纯属傅山气象，自有独到风韵。而楷、行更为沉稳，不拘于法，意由法生，流畅而不浮滑、老辣而不笨拙。特别使人耳目一新的是一二件小幅作品，笔力清瘦、章法疏朗、结字讲究，别有新意。这种具清明疏朗感的作品，之前尚未见徐老书之，与之大气磅礴之书作相比，显示出一种新的风格。这使我看过之后深得教益，很受启迪。

看过展览后，近几日一直思考这个问题，方觉有所省悟，字确实不宜过肥，章法不易过密，以瘦劲为上。过肥之态，我常有也。今晨四时醒来，再无睡意，以几日思索之感觉，起床试笔，写就《桃花源记》四条屏一套，取瘦劲清明之风，果然见情趣。此乃观徐老先生展览后之一大收获也。

1999年2月

1999年春节，探望徐文达先生，一则春节问好，二则久未见矣，借以叙情。先生已七十七岁，我进其家后，见先生正在操笔弄刀，说为1999年中日篆刻展做准备。先生见了我，精神兴奋，放下活计，到客厅落座，随即侃侃而谈。

因近时，我正在研究黄山谷草书，这一点先生事先已经知道，他在我未去之前曾经在电话中告我，他对黄山谷书法有新的体会，望能抽暇聊聊。余此次到徐府正好是个机会。

我谈了对黄山谷的看法。先生说：

学黄山谷主要是学他的张扬之情，大起大落、大收大放、波澜起伏、狂放奔腾——这是他的主要特点，学黄也要结合自己的特点，不必刻意追求，你底子好，自由性大，要按自己的性情吸收。

宋字讲"意"，就按苏、黄、米、蔡来讲，其字风是优点突出，缺点也很突出。其优点是性情表现得很充分，其缺点是破坏了书法的准确性和完整性。发展到元、明，如赵孟頫、文徵明以至王铎、傅山，学帖之风又起，书法的准确性和完整性又得到恢复，赵、文、王、傅，其字非常严谨，可谓无可挑剔。王铎、傅山虽然狂放，但始终没越出范围。至清代，康有为等倡尊碑之风，其结果，"尊碑"没涌现出大家，"帖风"也给毁了。所以，书风从历史上看，还得要求准确性和完整性，这样才能站得住脚（这个准确性和完整性，实质上就是讲字的形质与性情的完美结合）；所以，我在你的展览的序中讲准确性和完整性，就是讲这个意思。就当前书界来说，许多人忽视传统，不下功夫，追名逐利，追随时风，越是在这种情况下，坚持传统就越可贵。这一点，随着时间的推移，将被历史所证明，被群众所公认；因为中国文化的底蕴以及以这种底蕴所生发出的艺术表现形式的历史，只凭主观的意愿是改不了的。

以上就是先生这次和我谈话的要旨。

2000年6月2日

徐文达先生于2000年5月27日仙逝，听闻噩耗，无比悲痛。先生奋斗一生，于书、于画、于澄泥砚制作，都是用心良苦的。我与其交往多年，深知其为人，勤奋、坦诚、正直、简朴、平易，于书画明至理，于朋友多热情，他的优秀品质和优良作风，耳濡目染，使吾受益匪浅。先生逝世前三四天，尚与吾在某处小礼堂观看他的《黄河大合唱》三章，其中的四条、六条、八条、十二条、十四条屏多套，看了很使人振奋。26日上午还通电话讨论他的《醉翁亭记》出版事宜，27日突然患心肌梗死仙逝。三晋大地失去一翰墨巨笔。回顾往事，好不痛哉，得句以记：

  雷炸九天惊断魂，
  不信噩耗竟是真。
  虚和静悟多教我，
  谈晋说唐少知音。
  沧海容纳百川水，
  高松笼覆千树荫。
  道德翰墨真宗师，
  心悬梦绕泪满襟。

熔铸于实践 服务于民众
——徐文达先生的书法艺术

赵望进

把书法艺术的实用性和艺术性相融并妙然结合起来，既不失书法的独特和线条丰富变化之艺术性，又具能为大众所接受进而为之服务的实用性，在当今书家中并非人人都可做到。徐文达先生的书法在实践中锤炼，注重感悟和灵变，崇尚水到渠成式的自然天成，如孙过庭所谓"不激不历，而风规自远"。作为三晋老一辈书家，他以至真、至诚之态度浸淫传统精粹，上下千古，纵横捭阖，并将来自民众、服务民众的思想，贯穿于书法创作之中，着实展示出一片完全属于自己的艺术天地。

徐文达，字敬山，笔名岩樵，别名泥翁，1922年出生于河北完县，1943年参加革命工作，历任河北省保定地委文工团团长、山西省电影发行公司经理、运城行署文化局副局长、山西省博物馆馆长、山西省书法家协会副主席、山西省政协常务委员等职，是中国书法家协会会员，是山西省书法组织的最早倡导和组织领导者。徐文达先生生于辛亥革命时期，长于革命年代，青年时代参加革命工作，锻造于战争之中。20世纪50年代以前专攻音乐、戏剧，文、音、戏、美无所不专，曾创作过歌剧、话剧、电影文学剧本，到不惑之年转攻书法、篆刻。青年时代对艺路的拓展，为他次后在书法艺术上取得造就夯实了基础。他称自己无有学历，无论文化和艺术，包括书法都是自学而来。"从战争学习战争"，少时深攻柳公权楷法，行草则学明董其昌、晋"二王"、元赵文敏、宋黄山谷。在抗战年代，便将书法运用于社会服务和革命宣传。农村办喜事丧事要写斗方，战争年代的大标语用榜书，写金兰谱、婚书、祭文、碑文要用楷书，写春联等又要用行书。他都小大由之，行楷皆能。这种在实践中学与用的年代，虽然不能将艺术深度延拓，但多方面实践的锻造，却为后来的发展与提高积蓄了相当多的潜能。新中国成立后，他学习渐入正轨，专攻行草，以傅青主为本，会通碑帖，广泛涉猎，各取所长，不拘于一隅。取帖学之飘逸流畅而清雅，求碑学之朴实沉着而峻拔，厚积薄发，中得心源。徐先生广泛涉艺门，专多能，有意地拓展艺术空间并从中为书法提取养分。

纵观徐文达先生书法，以行草为主兼涉旁体。行草书粗犷、奔放，豁达遒劲，气势磅礴，一气呵成。其楷书集唐楷寓北碑，严于法度，各有选取，自成面目，榜书、小楷、行楷均能得心应手。虽篆隶不常作，也出手不凡。印章则长于刀法，最善边款，刀笔并妙。

在当今书坛中，四体皆攻者，为数不少，平心而论，专多能而精者，并皆有成就，或有自家独特风格者也着实不多。南宋皇帝高宗赵构早在《翰墨志》中发过感叹："士人作字有真、行、草、隶、篆五体……非风神颖悟，力学不倦至有笔冢、砚山者似未易语此"。徐文达先生能作四体，一专多能所倚仗者，便是这"风神颖悟，力学不倦"之精神。

徐文达先生一专多能，但却不离其本——行草书。徐先生初学赵文敏、董其昌、黄山谷，由于长期注重书法在实践中之应用，深感熟练尚可，韵味、骨力不足。1955年于晋祠见到傅山书法真迹，被傅山博大的气概所动，于是抉择傅山书法为自己行草之丰润基石。之所以选定傅山，除却感唐、宋各家有其妙也有其憾外，更深原因却是傅山爱国之胸怀、高贵之气节和宏大之抱负在书法中的体现深深撼动了文达先生。

傅山的书法以行草为长，或婉转遒劲、团圆不断，犹如古树盘藤、龙蛇飞动；或沉重稳健，大气凛然，墨浓笔沉，结构紧凑而简约，内敛外张，满篇宏大勃壮，浑然一体；或疏朗支离，斜倾错落，劲涩苍健，犹如广原列阵、城阁有致。傅山长幅巨幛展示的灵魂错动、笔酣墨畅的行草大制作，正是徐先生心底里一直所思、所想、所欲的那个点。由是，三十年如一日，徐先生浸淫于傅山书法深、人品高的艺术、人生殿堂里。

经历了数年的冲撞和裂变、继承和借鉴、守成与创新、卫道与判经、肯定与否定，徐先生深感读书、养心的重要性。他挑灯读史，登高赋诗，研书访友，感怀著文，于是真心做到格物致知。

徐先生创作，既重心态，也讲氛围，更重韵味和境界。他认为：激情所至，写字就能放得开；胸有成竹，才能尽其精微；充满信心，才能心手合一，如此方有佳构。先生行书大都以四条、六条、八条、十条屏巨制示人。虽小品也常有佳作，但牵动人心者还数其大幅长幛之作或榜书巨制——能表达其心境的"胸罗万有"及众法归一。书卷一展，全篇幡帐神动，真气弥漫，其大气令人震动。此间书作或沉稳，或简约，意念更加连绵贯注。依序读开，笔势回荡如江河泻地，通篇呼应，首尾一气，反复回顾，字势扶摇升腾而似"维柱生烟"；书体或行或草，随情而变、随意而动；线质凝练，坚劲如铁，然时有疾掠飞动气势，于滞厚中显出苍劲挺拔之笔力；用墨一任感情喷发，以酣浓滋重墨色下笔，连绵数字乃至十数字铺陈写开；虚实相生，出现时空跨度的跃动，体现出作者直抒胸臆、摒单体、去小、重整体、贯大力、讲气势的把握能力，再现出书者心境化一的强劲体势。

从宏观的开放的系统下来看中国书法的价值，它在今天正在经历着一系列嬗变。凡能和现代人的需要接轨的某部分，其意蕴就能得到充分发挥，相应的功能就能得以强化；凡是和现代人需要相脱离的某部分，其意蕴就很少能得到新的充实，相应的功能也就不断萎缩。

随着社会发展，计算机的出现和普遍应用，使得书法艺术的实用性愈来愈趋于次要地位。而正是这种现代化工具的广泛使用，又让更多的文化人怀恋并崇尚应用书法来弥补那种现代而又机械的艺术品，因而书法的实用性又得到回归、保存和弘扬。徐文达先生一生从事书法,把书法艺术性和实用性有机地、协和地统一起来,既做到了雅俗共赏,也解决了"实用冲淡艺术、艺术破坏实用"的矛盾。徐先生一生书写了大量牌匾和报头刊头,并致力于刻碑、雕砚。这不仅丰富了他的书法艺术,而且有效地将书法运用到各种艺术中,使之起到互相烘托的作用。

勤奋与书外功是徐文达先生的特点,而且他善于以理性分析问题,胸怀博大而不拘一格。因此,他是山西乃至全国少有的诗、书、画、印兼能的书法家,多作多为,攻难弃易,博涉得优。徐先生多次参加全国书展,是中国书协会员、山西书协顾问、山西大学师范学院书法专业名誉教授。

花甲之年,徐先生又致力于已失传的中国四大名砚之澄泥砚的制作和研究,潜心研究十多年,终于以一种新的方法制出具有特殊功能的新型澄泥砚,并获国家专利,真正做到了科学技术与文化艺术相结合。

徐文达先生为人诚、为艺真。如果说他的作品有传统、有个性、有新意的话,那么他的作品中体现的谦恭与自信、率意与大气,更是他情绪与品格的写照,体现出一位"人书俱老"的长者风范。

不可忘却的纪念

吴高歌

在20世纪八九十年代的山西书法界,徐文达先生是颇有影响力的著名书家。先生多才多艺,一专多能,而终以书法名世。其书法诸体兼善,尤其长于行草、榜书。

先生书法无门户之见,不为碑派、帖派之藩篱所囿,他既悉心汲取二王、黄庭坚、米芾、傅山诸家草书的精髓,同时又广泛涉猎金文、石鼓文以及汉魏、盛唐碑版,其书磅礴苍劲、浑厚雄健,颇为世人所称道。

先生晚年之书笔法愈发精到老辣,气势雄浑,连绵跌宕,刚柔并济,变化多姿,从心所欲而不逾矩,出入碑帖,自成一家。

徐文达,字敬山,笔名岩樵,别号泥翁,河北完县人。先生于1943年参加革命工作,解放后历任山西省博物馆馆长、山西省书协第一副主席、山西省政协常委、山西师范学院名誉教授等职。

先生多年从事文化艺术工作,于书道孜孜以求,于传统默默体悟,遂积淀了深厚的文化艺术功底。

徐先生很早便与书法结缘。他幼年时代受家庭熏陶,爱好书法、篆刻,少时学柳公权、颜真卿字帖。到文工团工作之后,先生又参加了多种艺术活动,如拉琴、谱曲、画布景、演戏等,这些看似与书法并不相关的经历却启发并加深了先生对于艺术的理解。

1954年，先生来到山西，把主要精力投入到对书法的临摹与研究上。这一时期，先生广泛临摹了二王、黄庭坚、米芾、赵孟頫、董其昌等人的行书和草书，对传统的笔法有了比较深切的领悟。

20世纪50年代末，在山西省原副省长郑林的鼓励下，先生开始潜心研习傅山书法，这为他后来书法风格的形成起到了重要作用。先生作品也先后入选1964年和1974年在日本举办的书法篆刻展览，逐渐受到书法界的关注。

1975年，先生调到山西省博物馆工作。先生于工作之余，得以观览傅山真迹——可谓近水楼台先得月——因而从傅山书法中汲取了充足的营养。

1979年，山西书法研究会恢复活动，先生担任副理事长。

1981年，中国书法家协会山西分会正式成立，先生担任山西省书协第一副主席。在此前后，随着先生对书法的深入研究和领悟，其书艺也大进，作品再度入选全国第一、三届书法、篆刻展览。1984年，先生还获山西省文艺创作银质奖。

先生在山西书协任职期间，参与并组织了山西书法界大大小小的活动，发现了很多书坛新人，培养了一批年轻的书家，为山西书法事业的发展做出了卓越的贡献。

徐文达先生书法宗法傅山，尤其于傅山的草书中获益良多。

傅山是明清之际的著名学者，其书法以狂草、奇字闻名于世。草圣最为难，龙蛇竞笔端。草书在各种字体中是被公认为最难书写的，也是最高深的艺术。傅山的草书连绵缠绕，气息贯通，气势豪迈，可谓是草书史上的一座高峰。

傅山对于嗜好书法的徐先生而言，无疑是一座艺术的宝库，他将主要的精力都用在了对傅山书法的临摹和研究上，这为他后来在书法领域取得卓越成就奠定了基础。

先生书法虽以傅山为宗，但不拘泥于傅山，这一方面反映了先生对于傅山书法的理解，另一方面也反映了先生对傅山及其时代文化的判断。

就书法技法而言,傅山的连绵与缠绕构成了其草书的基本面貌,以《五峰山草书》为例,那种连绵是前无古人的。傅山草书不像张芝、二王那样用简捷而明快的草法,他更多地将行书的字法与草书的笔法糅为一体,通过笔画的繁复、夸张而取得特有的艺术效果。

先生曾经临摹过《五峰山草书》,其形貌逼肖,足以乱真,可见其临摹传统功力深厚。但先生比较成熟期的行草书却明显的与傅山的草书面貌区别开来,而带有鲜明的自家风格。

先生行草书并不像傅山那样多使用圆笔,从连绵和缠绕中取得艺术效果;相反,他的行草书中加入了很多方笔,以方笔取代了圆笔,以折取代了转,技法的细微变化导致了视觉效果的极大不同。

先生常言,他对傅山草书进行了自觉的改变,即在书写草书时加入了以折笔为主的魏碑笔法。其目的在于以转取柔,以折得刚,刚柔并济,以期合乎中庸之道。

这或许正是先生之独到之处。当然,先生临摹傅山,从形貌相合到貌离神合经历了一个过程。这是先生对书法艺术琢磨并升华的过程,也是他的书法真正脱化而出,逐渐形成风格的过程。先生在技法尝试与研究中逐渐确立了自己独到的风格。这与民国时期沈曾植取径包世臣,将圆笔改易为方笔,颇有异曲同工之妙。

先生与傅山所处的社会、历史背景不同,因而对于文化的理解上自然存在差异。傅山生活在明清鼎革之际,身为遗民,多次参与反清复明之义举。他对新建立的清王朝是坚决不合作的态度,他的心中有不快,有愤懑,因此需要借助书画艺术来排遣之、发泄之。傅山喜好奇字、狂草,以奇、以狂来发泄、排解心中的愤懑与块垒,因此他的书法常常刻意以奇字、怪态示人。这与八大山人、石涛等人的风格一样——他们以独特的姿态表达了心中的焦躁与失落。

傅山早期作品中有很多造作之处,正如他论王铎书法时所云:"四十年前字极力造作,四十年后,无意合拍,始成大家。"王铎、傅山的造作正是对巧媚习气的矫正,这反映了明清鼎革之时的文人、艺术家的文化心态。

徐先生生活的时代是一个蓬勃向上的时代，他的心态是乐观进取的，是积极向上的；因此先生虽然取法傅山，但他对于傅山的奇字、怪态一无所取。这从表面看来只是对书法技法的认识问题，但却反映了深层次的文化心态，傅山的奇字和怪态无法引发先生的共鸣。

先生更乐意以刚健、爽朗、积极的面目示人，这是先生书法风格取法傅山而又区别于傅山的原因所在。显然，徐先生对待傅山书法的学习是有所甄别和取舍的，舍弃糟粕，取其精华。他弘扬了傅山反对巧媚，崇尚真率、自然的精神，学习了傅山气势博大、笔力雄强的一面，而舍弃他早期作品中"极力造作"的弊端。

徐先生对傅山的书学理论也有着自己的见解。傅山尝云："宁拙毋巧，宁丑毋媚，宁支离毋轻滑，宁真率毋安排。"此著名的"四宁四毋"论可以说影响深远。但显然，傅山此论是有感于之前习赵孟頫、董其昌书法中颓靡、衰微的风气而发。

傅山是痛恨媚俗的，他憎恶雕饰的、肤浅的、庸俗的美，而倡导大巧若拙、真率自然的深刻的、真正的美。但傅山的论断却一度引发一些现当代年轻书家的误读，以至以丑为美，导致了书法审美取向发生了一些偏差。

先生针对这些现象而论道：傅山所谓的丑、拙并非蓬头垢面的丑、缺乏美感的拙，而是大巧若拙的拙，是剔除了媚态的丑。这里所谓的丑、拙，并非真正要把字写得粗糙、笨拙，而是强调书法不可流俗。对待先贤之论，如果不能有切身的感悟，就有可能误读。

先生不仅取法傅山的书法，而且对傅山的为人怀有景仰之情。先生字曰"敬山"，即推尊傅山之意。他很推崇傅山的"作字先作人，人奇字自古"，做人要有风骨，字自然也无媚态。

先生不仅对传统书法有着独到的理解，而且对于当代书坛的一些现象也有着中肯的批评。比如20世纪八九十年代流行书风盛行一时，其中不免有疏于继承传统而盲目创新者，也有信手涂鸦而自以为获取天趣者，对此先生都进行了客观的评论。

先生批评了当时书画界存在的以不规则、不入法、反常态等的信手涂鸦为质朴、天真的错误认识。他认为，天趣存在于成熟与不成熟之间。他说："尤其在书法界，为了追求天趣就觉得不经意、不求法度、随意而为便会出现天趣，岂不知天趣不是制造出来的，是自然天成的，天趣并不是'低标准瓜菜代'，只有在高度成熟中出现的天趣方为可贵……它不是阶段性的产物，也不是出于偶然性，而是经过长久艺术实践，达到高度成熟后的天机泄露。"

先生的评论是有真知灼见的，书法犹如画画一样，画到生时是熟时，天趣也是在对传统有着深厚的理解和修养之后方能获得。书法上的成功是没有捷径可循的，只有边实践边摸索，勤于临池才能有所收获。这反映了先生对于书法艺术的卓见和他重视传统的态度。

先生的临池之勤是常人所难以企及的。一次，先生给我们上课时讲了他自己的一个小故事。他说曾经有人向他提了一个问题：一天要写多长时间字？先生答：七八个小时吧。来人说，这也太苦了吧。先生笑着说："写字是很过瘾的事情，这怎么能算作吃苦呢？"夫子云："知之者不如好之者，好之者不如乐之者。"先生临帖，几十年如一日，乐在其中，不知老之将至。孙过庭尝言："通会之际，人书俱老。"这正是像先生一样的勤奋者的写照。

先生一专多能，他很注重多种艺术之间的关系——它山之石，可以攻玉——要学书法，工夫在书法之外。

先生除了精于书法，还长于治印、刻石、治砚、诗词、国画、戏曲等。为了重新制作已经失传的传统名砚"澄泥砚"，自20世纪70年代中后期起，先生用了近十年的时间研究资料，四处走访，寻找上好泥料，终于研制出新样式、新风格的"徐氏澄泥砚"，并于1987年获得国家专利局授予的发明专利。1996年，推出《徐氏澄泥砚》。

先生篆刻初学齐白石，后学汉印，兼收吴昌硕、邓石如，强调刀笔并施，长于边款，多刻长文，将他擅长的行草书与篆刻巧妙地结合为一体。先生长于刻石，他将历代著名诗词或自己的诗作先书写出来，然后用刀刻在石板上，长时期的刻石使先生腕力过人，因此其书愈显沉厚雄浑，多有金石之气。

先生积学数十年，成就斐然，自是卓然大家；但他谦卑自处，为人耿介，不阿附权贵，不事张扬，虽然名满三晋，但在三晋之外的影响并不显著。

直到1996年，山西省委宣传部、山西省书法家协会为先生主办的书法展在北京中国美术馆举行，才一石激起千层浪——他的书法立即在京城的书法界引起了轰动，观赏者无不为先生精湛的书法所折服。当年的《中国书法》《书法》等刊物均在"现代名家"等专栏详细介绍了先生的书法成就以及专家学者的评价。

周志高先生评价："山西徐文达先生是当今书坛公认的草书大家，徐翁深悟傅山书艺精髓，做人正直，作书中气，故而，其书磅礴苍劲，浑厚雄健。徐翁又取北碑之凝重沉雄，把篆隶之圆润朴茂，借山谷之舒展跌宕，糅颠张狂素之率意奔放，合而为一，自成一格。"之后，又在先生草书《醉翁亭记》的跋文中写道："《醉翁亭记》出神入化，心手双畅，用笔碑帖结合，圆中有方，结体多变，顾盼生姿，章法虚实相应、轻重相间，对立而统一。总之，苍劲遒丽，沉着而痛快，狂放而精微，颇为不易，当今书坛狂草独步天下不为过誉也。"

刘恒先生跋徐先生《醉翁亭记》也谓："先生夙精琢砚，至老不辍，故腕力强劲，超乎常人，而挥毫命笔之际，遂能举重若轻，精气贯注矣。此卷欧阳修《醉翁亭记》神融笔畅，恣肆汪洋，允称佳构。三晋书家多得傅青主之沾溉，先生草书师其意而不蹈其貌，真善学习者也。"

专家们对先生的高度赞赏正表明先生的艺术是货真价实的，是耐人寻味的。

近年来，书法艺术行情一路走高，但先生的书法由于疏于宣传，尚未真正为世人所重视。先生的书法艺术或许在现代这个纷纷扰扰的媒体大爆炸时代被忘却了，但先生的艺术成就却是不应该被忘却的，因为真正的艺术将会永远被历史铭记。

忆徐文达先生

吴高歌

前几天,在姚国瑾先生的书法展览会上遇到李海峰兄,海峰兄小我五六岁,他是徐文达先生的外孙,徐先生是我的老师。虽然与海峰兄是第一次见面,但由于徐先生的缘故,我们便一见如故了。

徐先生是著名书法家,我在老家上中学的时候就听说过他,可以说对徐先生的仰慕是由来已久的。中学时,班上喜好书法的还有好几个,王文是其中的一个,他从小受到父亲的影响,书法方面的知识很多,徐文达先生就是我从王文那里知道的。由于喜好书法,当时对徐先生景仰得了不得,县城有许多地方有徐先生题的牌匾,如飞云楼、电影院等,后来就更多了,如商贸大厦、华康公司等,都是徐先生的墨宝。

1986年,徐文达先生的书法在飞云楼后面的展厅展览,我有幸第一次看到徐先生的真迹。展览的前言是王文的父亲王天一老师写的,大致介绍了徐先生书法的渊源和风格等。我记得徐先生的作品中有一些颜体的楷书和数量较少的隶书,大多数的作品是行草书。徐先生的行草书很有气势,称得上大气磅礴。展览的作品中有书韩愈《马说》的,其他的内容却不记得了。徐先生的展览是我第一次看到的很专业的书法展览。

徐先生书法给我很深印象还有一个原因,那就是姑姑家有徐先生书写的行草书《陋室铭》,四尺对开,四条屏,款上写着:马力同志雅正，文达书。马力是姑父的笔名，姑父是个作家，当过县里的文化局局长，徐先生办展览的那年，正是姑父在文化局当局长的时候。这件作品多年了一直挂在姑姑家的客厅，我每次去姑姑家都要对着徐先生的字观赏半天。后来，梁上君子光顾了姑姑家，徐先生的作品被扯裂了，好在没有丢，重新装裱后，姑姑便把徐先生的作品收了起来。

考入山西大学后，新的环境和新的学习任务让我把对书法的喜好搁置了一些日子，虽然班里的同学也有爱好书法的，但那时还很少有人把书法当作一种专业来看待，平时虽然也互相交流，但临帖却极少。当时市面上见到的字帖少，也就颜体、柳体等几种。偶尔买上本字帖，临起来还是三天打鱼两天晒网的，纯粹是玩玩罢了。

那时，偶尔在市里瞎逛，常常能看到徐文达先生题写的牌匾，如解放路的鸿宾楼、柳巷的大宁堂等等，都给我留下极其深刻的印象。有好些牌匾现在还仍然使用着。

大学毕业后，工作比较清闲，有许多自由的时间，便可以看看书、写写字。那时单位订多种报纸，那些过期的废旧报纸就成了我练习书法的用纸，虽然常常练习，还有意识地临摹一些名帖，但因我从未接触过真正的书法老师，所以仍然是在圈子外面徘徊。

一次，偶尔看新闻，说徐先生的书法在山西省博物馆展览，我欣然前往。到了博物馆，观赏了徐先生的书法，心情很好。又看了作者介绍，才知道徐先生原来是博物馆的名誉馆长，我问那里的工作人员，工作人员说，徐先生刚才还来过这里呢——真可惜我来得晚了点。我恳求工作人员告诉我徐先生的电话，想着抽时间一定拜访拜访徐先生。

回到单位后，拨了徐先生的电话，一个老者的声音，我猜想是徐先生。我问，您是徐文达先生吗？他说，是。我说，我很喜欢您的书法，能否拜访您呢？他说，好。然后又告诉我他家在王村南街省直宿舍多少多少号。我按照徐先生提供的地址，很顺利地找到了先生家。我按了门铃，开门的是一个面庞清瘦，留着长髯的老者，衣服上还沾着一些泥土。我恭敬地问，您是徐先生吧？他说，是。他把我让进屋，我一看，原来先生正在做砚台呢——还没有烧制的砚台坯子，所以有泥沾到了衣襟上。

  我简单地介绍了自己的来意，又迫不及待地问了徐先生关于书法的问题，如何学书法，临习什么帖，如何创作等等，好像一下子要把所有关于书法的问题都问完一样，心情之迫切不言而喻。拜访徐先生这个事应该是发生在1992年到1993年之间，准确时间记不大清楚了。

  1993年秋天，在《太原晚报》上看到一则消息，徐先生在太原党校办了一个书法培训班，学时三个月。我立刻就报了名。书法培训的时间是每周二和周四的晚上七点到九点。

  开班那天，徐先生的几个"老"学生陪着他进了教室，他的形象和我拜访他时的样子一样，只是拜访的时候是在家里，现在是在讲台上。徐先生给我们讲了各种字体的书写方法，告诉我们应该临那些字帖，如何临写，如何创作，还讲了什么是质感，什么是节奏、韵律等等。他讲到王羲之、傅山等，他对王羲之和傅山的评价最高，说学习王羲之的书法最难，就好像画画一样，有特点的好画，没有特点的难画，王羲之书法就属于那种没有明确特征的一类。这个说法和我一开始想的不大一样。我一开始的时候，总想着追求书法的个性，听了徐先生的讲解，对书法有了新的认识。

  徐先生上课时经常给我们做示范，我记得他在课堂上写了"独怜幽草涧边生"的诗，草书四尺条幅，挂在黑板前供大家观摩，这件作品后来可能被刘老师保存了。我印象比较深的还有一首诗，第一句是"破屋瓦片上生艾"，说是诗，其实不完全是诗，这是徐先生找出的汉字中比较难写的字，总汇在一起了。先生说，这些字结构掌握了，其他字就好办了。

  先生的书法个性很强，很有豪气，也很潇洒。我们除了临习一些法帖外，还学徐先生的字。那时先生给我们每人发了他的行书和草书的《前赤壁赋》，我试着临习了几遍，基本特点便可以把握了。一次，我把我写的作业让徐先生看，我写的是"青青园中葵"那首诗，行草书，有些徐先生的味道，徐先生给我很大的鼓励。

  在书法培训班的日子，刘锁祥先生每次都和徐先生一起来。刘老师是徐先生的学生，如果从徐先生这里来论，刘老师算是我们的师兄。刘老师当时就是山西大学师范学院的教师，那时书法专业还没有成立，后来师院成立了书法专业，刘老师就担当起书法专业的事。我研究生毕业后，经刘老师推荐，我也到师院书法专业工作了，这样一来，和刘老师就成了同事。那时，徐晓梅也来过几次，她是徐先生的三女，很小就在书法方面颇有名气，她的书法完全继承了徐先生的风格。

培训班大约有三十多名学员，大都来自太原的不同单位，学员年龄相差也很大，年长的有五十多岁，像刘汉一先生；年轻的二十多岁，如胡海生、赵俊生等。胡海生和赵俊生也是我们班上写字最好的两位。赵俊生心眼多，每次徐先生做示范的时候，他就拿上他的纸让先生来写，写完后他也就顺理成章地带走了。在同学中，他可能是收藏徐先生字最多的。培训结束时，徐先生给每个同学都写了一幅字，给我写的是他自己作的诗，前两句是"海阔有边望无边，蓝山碧水依云端"。这件作品我一直珍藏着。

培训结束了，但听徐先生讲书法却没有结束。那时，我们经常拜访先生，我去的时候一般都约上赵俊生，我俩单位离得不太远，结伴去方便点。一起听徐先生讲书法，一起看先生写字，他写字时，我们给他打个下手，裁纸、研墨什么的，有时候还一起陪先生喝点酒。再后来，赵俊生到北京工作了，在北京见过一次，但后来又失去了联系。

徐先生是师院的名誉教授。我在师院工作时，还带着学生去拜访过徐先生，徐先生给学生们讲如何写字，如何做人，给同学们留下深刻的印象。

2000年5月份，徐先生在师母故去不到一百天的时候，也追随师母而去了。在山大医院附近的殡仪馆，我们最后为徐先生送行。送行的人很多，刘老师、贾起家老师都在场，还有许多书法界的朋友和徐老师的学生们。

徐先生和师母都不在了，我也再没有到过徐先生生前王村南街的宿舍，但对徐先生的思念却是常有的。

十年多了，见到海峰兄，想起徐先生，想起这个可爱、可敬的老人。

精神长存天地间

长安居

徐文达先生是山西老一代书法家中的代表人物之一。山西书家学傅山书法者众，然徐老书风虽取自傅山，却又出于傅山，跌宕中不失凝重，通篇苍藤盘结、疏影横斜，曾留给我很深的印象。

我与徐老素昧平生，但是读过其门生，如姚国瑾、贾起家、刘锁祥诸人所写怀念徐老的文章后，似乎对他老人家变得熟悉起来。徐老道德文章的口碑早已在山西书法后起者的心中巍然树立，这让我们很容易联想到诗人臧克家先生的名句："有的人活着，他已经死了；有的人死了，他还活着。"徐老的生理生命固然已经逝去，但他的精神却因其人格、书艺的高迈而获得永生。从这个意义上来讲，徐老将永远"活"在天地之间。

徐老出生于冀中平原的一个耕读人家，少时即有染翰挥毫的爱好。他青年时代投身革命，担任过教员、校长、指导员等，革命工作需要他做什么，他就自学什么——如有神助，总能无师自通。凡文学、音乐、戏剧、美术等皆可一试身手；尤其在音乐、戏剧等方面几乎达到专业程度，个人曾独立创作过歌剧、话剧、电影剧本，一时也被视为"异才"。大约是1950年代中期，徐老赴山西工作，此后他一直服务于山西文化界、文博界——也就是在他定居山西的岁月中，开始了他的书法人生。

纵观徐老平生过往，不难发现一个非常有意思的现象，徐老的书法、篆刻创作生涯是"去专业化"的。他先为一名"红色"的革命同志，继而长期在山西从事文化、文博事业的管理工作，尽管他在工作之余乐于翰事，但这仅仅属于他的业余爱好，是他寄寓个体精神理想的一块隐秘之地。在当代书坛中，书法创作的专业化程度越来越高，我认为这一过度专业化倾向对书法的研究、创作者来说，或是一种伤害。确实有很多人在其未从事专业书法工作之前，他的作品中还能展现出一种力量；在进入到专事书法的工作岗位后，作品却灭失了原有的动人韵致。有论家尝谓，"书法乃非专业之业"，并列举历史上的大书法家均非专业书法家来加以证明。确乎如此。书法美感的传递非止于笔墨本身，更要通过笔墨意趣还原和表现作者灵魂深处的那种神秘元素。书法创作中暗藏的神秘元素是什么？无非是作者自身的广博修养，如文学的意蕴、诗意的营构、画境的化裁、想象的张力以及源于生命、灵魂深层那一许独有的人生体味……当这类有关书法内涵的元素在作品中减弱了、缺席了，纵使作者有再高明的书写才情也于事无补，由此或不能持续个人旺盛的创造活力，或使自身沦为一个批量生产的"行活式"书法家。在徐老的书法中，特别是在他的大草书法中，点画、结字内部含纳的韵涵很深很广，既精微得清晰可见，又浑茫到无迹可寻，正所谓"道之为物，惟恍惟惚"，充满了神秘的意象。这种美感的创造，即便是下池水尽墨的苦功夫也是不一定能够得到的。这是书法创作中的"无法之法"，是不能以"法"来规范的。美感的创造靠的是内在学养、气质、性情，忘我的、无意识的流淌，它需要个人拥有强大艺术感悟力后的夐夐独造。

徐老的爱女徐晓梅大姐于悼念乃父的文章中，尝深情记叙，徐老在物质贫乏时期，在书法换不来一点儿名利的凋零年月中，他对书法的研求仍然是苦心孤诣，不舍昼夜的。至1980年代初，新时期"书法热"大潮发轫之始，徐老作为山西省书协的主要创建人之一出任省书协第一副主席，由此他的"书名鹊起"，向其求学书法者日众。每有书法后学在向徐老请益时，都会问及同一个问题："您老一天花在写字上的时间有多少呢？"徐老总是笑眯眯地回答："通常七八个小时左右。"求学者认为，这也太苦了吧！徐老则说："写字是很过瘾的事情，这怎么能算作吃苦呢？"

以上徐大姐有关徐老生前生活片段的记叙，今天读来颇多感怀。孔圣有训，"知之者不如好之者，好之者不如乐之者"，在我看来，书法之于徐老已不能简单地归结为他是一位书法的"乐之者"了。每天雷打不动，临池作书七八个小时，绝非一"乐之者"能全面概括的。让我来评价，我很愿意把徐老尊为一个书法的"信仰者"。与"乐之者"相较，"信仰者"一定更加纯粹，概不掺假。君不见，世间常有书法人年轻时代挚爱书法，投入的愿望异常强烈，砚田耕耘后也迎来了收获；可是，随着年龄的增大，名利的诱惑越来越多，于是矛盾应运而生了。此时的他们书写技法达到熟练，实际创作中的障碍少了，但书法家"创造"的障碍不只限于技法，更在于心灵。多少书法家在这一刻迷失了，他们自以为把世间的一切都看透了，把书法也看透了；然而书法何尝不是也看透了他们——书法在他们犹豫、盘算之际，彻底抛弃了这个不属于书法的人群。徐老作为一个精神生命力强大的艺术家，他对书法的信仰是永恒的，因之他在艺术实践之路上广采博取，英勇无畏，而后不辱使命，为人间留下了绚丽多彩的书法艺术果实。

今天，我们一次又一次地来瞻仰徐老留下的书法遗迹，高山仰止之余，又对徐老书作获得了更加深入的解悟。他的书作就是一个蓬勃向上生命的外在物化，同时还是一个信仰者的永久化身！

信仰的力量大得惊人，徐老的身体在其晚年已衰弱得厉害，但书法的信仰依旧召唤着他，支持着他站立起来。徐老去世前的几年，他酝酿把《黄河大合唱》的歌词用草书的形式表现出来，为此徐老还让学生陪同他前往黄河壶口飞瀑采风，以激发创作前的灵感。"右军书法，暮年乃妙"，徐老的这件《黄河大合唱》草书巨制，恰是体现了徐老草书创作在他暮年时达到的高妙境界。徐老此草书代表作，纯是"师心横纵，不傍门户"，点画纷披折冲，精神豪迈凌厉，整体布白不主故常，率性而为，性情不可遏制地勃发为其首要，雷霆霹雳，歌舞战斗，让欣赏者惊为异才异笔，这全然是他老人家以胸中的浩然之气发之于书，人与书、情与理、气与态，抽象与具象、主观与客观，在天地交感中合为了一体，真可谓"同自然之妙有，非力运之能成"。书法创作欲走向高境，终极目标要追溯到一个本质，此即人的精神生命力问题。徐老身上的力量，包括他心间的激情，一向是那么强盛，他的草书创作始终如火一般炽热，奋力地去熔化每一次的挥运过程。由是，一个只属于徐老的宏大书法艺术世界筑成了。我们深入其中，才会发现这个世界无限曲折、堂奥深邃。

思想型的艺术家一向拒绝时髦，时髦往往意味着短暂、短浅，缺乏长久的生命力，而各种时髦中包裹的"新"又总以幼稚、肤浅者居多。徐老在艺术上是一个力拒时髦的人，他论书的观点不仅没有"时髦"，还显得十分"保守"。当代书坛中人在书法精神的营建上，"保守"者不是多了，而是太少。在所谓"创新"的大纛下，聚拢着无数没有独立思考的名利客，中国文化语境中的"新"必衍生于"旧"，从来只有"推陈出新"，"新"焉能另起炉灶式的"创"之乎？徐老是文化艺术之域中的"保守"者，又是这个领域内的集大成者。徐老坚拒时髦书法的态度向来鲜明无误，他认为，"书法出新在于丰富书法传统，不继承传统就谈不到出新""时髦书法主张反传统的思潮，在书法界只不过是一种短期行为。按照哲学上相似论的观点，世界上一切新事物的出现，首先要相似它的母体，而后又相似一别的事物，这样新事物才能产生。反传统的时髦书法首先不像它的母体，又找不出别的可比照的形式，就是什么都不似，是无源之水、无本之木，不会有生命力的"。徐老又认为，"时髦的书法"为了追求"天趣"，觉得"不经意、不讲法度、随意而为便会出现天趣。岂不知天趣不是制造出来的，是自然天成的，天趣并不是'低标准瓜菜代'。只有在高度成熟中出现的天趣方为可贵"。可见，天趣源自书法家心海的深处，貌似出于偶然，实质上是书法家长期各方面涵养的必然结果，是"经过长久艺术实践，达到高度成熟后的天机泄露"。徐老上述"保守"的论书高见，说明他在"时髦的书法"潮流风行时保持了冷静的头脑，进行了实事求是的分析：花哨的"时髦书法"在一定的环境中是很能蛊惑人的，时髦之"新"通常夹带着最腐朽的糟粕，这些糟粕又会像瘟疫一样传播——头脑不清醒的人们需要较长时间才能认清这一点。"保守"的徐老目光如炬，对"时髦书法"的内质一眼看穿，这显见需要一种集"大成者"的洞察力方能达到。徐老为学、为艺持有的"保守"立场，今天来看是何其高明和珍贵啊！

逝者如斯夫，徐老离开我们已有二十年了，在这二十年间，书坛又发生了很大变化，当代书法人的精神力量似在递减，在这种背景下，我们若怀着虔诚、谦卑的心来回眸徐老的平生与艺术，相信能得到更多的启示。客观评价，我想每个看过徐老书法作品的人都会被感动或震动，留下难以磨灭的印象，这印象可以在脑海中长时间地保存着。徐老书法形象所以感人，使人不能轻易忘却，是基于他的书作中葆有"人"的灵魂。当一件书法作品有"灵"了，才能不绝如缕地散发出动人的魅力。徐老书作中的"灵"来自他"人"的精神，这种精神不是书坛前辈的架势，不是对学问、艺术的傲慢，更非世俗社会中的所谓矜持，这一精神虽然无形又难以用语言形容，却实在屹立着，自然而永远地屹立着，它就像我们前方的启明星，望见它就能感受到它给我们的光明和指引。徐老是"抗战"时期的老干部，又一直在山西文化界担任领导职务，还是当代书坛的一支椽笔，他论资历有资历，论学养有学养，论艺术有艺术，论能力有能力；但他的一生甘于恬淡，谦抑、内敛——这似乎就是那种在传统人文的海洋中浸润以后的必然。他有着那种中国传统文化语境中的尊者风范。艺术有形，风范无形。徐老个人风范中蕴藏的价值、力量，以令他的艺术创作做到了"我就是我"，这个"我"是一个真正的、大写的"人"，而这"人"如同一座朴质的丰碑永矗于我们的心间。

一个人的生理生命是短促、有限的。一个人的生理生命能延续多长时间，自有其定数，每个人都无力改变。怎样更好地利用生命？徐文达先生不啻为我们做出了一个最佳的示范——弱化物质欲望，坚定艺术理想，最后把理想转化为个人信仰，把自己的精神变得强大，再强大。我想，纪念徐老最好的方式，就是把他的强大精神力量完整继承下来，再不断传承下去……

有人说，书法家活着时，书法以书法家的命运为其命运；书法家死后，却是以书法的命运为书法家的命运。这句话移来评价徐老十分贴切。徐老走了，他的精神和艺术却得以长存，徐老在天之灵堪慰。

永远的怀念
——恩师徐文达先生逝世二十周年祭

贾起家

恩师徐文达先生仙逝近二十年了。我每每提笔想写一篇怀念老师的文章,但几次提笔,几次泪水打湿我的双眼,因不能自已而搁笔,一直到今日才勉强成文。

遵师教诲　虚心学书

机遇永远垂青那些有追求、有理想的人。我拜徐文达先生为师真有点戏剧色彩。那是在1972年,我在夏县百货公司当营业员。由于喜欢写字,当时在县上小有名气,县文化馆搞各种展览,都让我写说明词。有一天我正在柜台上班,突然接到县文化馆馆长打来的电话,说让我去一趟文化馆。我便带上毛笔骑上自行车急匆匆赶去了。到了文化馆才知道,时任运城行署文化局副局长的徐文达先生来文化馆视察工作,在文化馆见到了我为农业学大寨展览馆写的版面字和在全县书画展览上写的书法作品。听文化馆馆长说:徐老在你的作品前驻足了许久,一边看一边频频颔首,称赞你的字不错,基本功非常扎实,并向我们提出"能见见面吗?"的要求,徐老还详细询问了一些有关你学习写字的情况。

见到徐老，我三步并作两步，急忙走到徐老面前握住徐老的手，激动得不知说什么好。徐老倒是先开口打破僵局说："你这么年轻，字写得很不错，基本功也很好、很扎实。但搞书法艺术的人不但要打好书法基本功，还要选一个历史上名书法家的字帖临摹学习，要传承好古人法书。你的字里又有古意，又有继承，那才能通灵感物，才能臻于炉火纯青。"

我从徐老口中第一次听到了"写字是书法艺术"这几个字，很是震惊。过去，总认为字写好看了，有用处，是人的脸面，没想到写字是一门艺术呢！我为自己的无知和浅薄而感到羞报。强烈求知的欲望、不甘平庸的雄心催使我决心拜徐老为师，把书法当作终身事——一定刻苦努力，用心去学习，争取把字写得更好、更漂亮。但拜师二字不等我说出，徐老又对我说："我听文化馆同志说，你跟随夏县一位老书法家尉世芳先生学书，我也看到了这次展览中尉先生的字。你的字深得你老师尉先生之法，间架准确，用笔圆润，章法清整，法度严格。但你老师的字里，赵孟頫意蕴太浓，媚丽有余而刚健不足。"

聆听了徐老的谆谆教诲，茅塞顿开，感觉如登高山而观天下，耳聪目明、视野开阔，仿佛那如涛峰峦、千里平畴，全踩在我的脚下。凭高远望，那云海中的一座座摩天高峰，正等着我去攀登呢。新的目标，更加激发起我的学书热情与刻苦努力之决心。我便双膝跪地说："徐老师，我愿拜你为师，你收下我这个徒弟吧！"徐老便高兴地收下我这个弟子了。

从此，我便立志，遵循老师指出的光明大道，刻苦努力，专工王羲之法书。先从《圣教序》《兰亭序》入手，对里边的每个字的用笔、结构等特点细心研究，对每一笔起笔、行笔、收笔用心揣摩，不懂的地方用心先记下来，利用星期日骑自行车四十余里赶去运城请教老师，请老师给予答疑解惑。老师对我提出的问题，不厌其烦地耐心地给予讲解，认真做示范，并阐述《圣教序》的笔法和笔势以及字与字行气的连贯与映带等等，使我逐步对《圣教序》《兰亭序》有了深刻理解，使我对王羲之侧锋起笔、行笔转换中锋的用笔方法，结字的险绝奇正有了新的认识。我按徐老的教诲,不但对《圣教序》《兰亭序》进行认真细致的读、临,弄懂弄通原帖的文义,更进一步背帖,让帖的每个字清晰地存储在自己的大脑里,随时可揣摩其字用笔及结构形态,加深、巩固对帖的理解。临帖不求数量而求质量,临帖追求对原帖的绝对相似,以求达到与原帖形的一致。我把临帖当日课,不管工作再忙再累,每天都坚持两到三小时临习。在形的基础上再求对原帖的神似,以领会原帖的精神世界。几十年来,临《圣教序》《兰亭序》均在千遍以上。在临习掌握《圣教序》《兰亭序》用笔结构规律的基础上,遵循徐老的谆谆教诲,我又临摹学习王羲之所有信札、手札以及《王羲之草书十七帖》等,从不敢懈怠。至今日,专攻王羲之书法的学习已五十余载,乐此不疲,取得了可喜成就。1988年,运城地区书法赴省城太原展出,徐老观展后,在《山西日报》上发表评价文章,谈到我的书法作品时这样写道:"他已是一个成熟的、有成就的、有个人风格的青年书法家;但作为他自身的历史来说,又是不成熟的。待到晚年,他才是大器成熟的书法家。"

继承传统,法古师今,博采众长,循序渐进——这是徐老对我提出的要求。为解决我学王羲之书法导致的单一性弊病,使我的书法作品内涵更丰富,在徐老的严格要求和指导下,从20世纪80年代后期开始,我在巩固学习王羲之法书的基础上,又上溯秦汉魏晋南北朝,下及唐宋元明清,杂临、博涉、兼容、并蓄,不断弥补我专攻王书之不足,使我所学王羲之法书更具风神,更加厚重、灵动、淡雅、质朴,使作品更加丰富多彩,更具韵美。由古神变我神,不断突破自己原有的面貌,逐渐为写出既有王书风韵又有自我风格面貌的作品夯实了基础。

师心素雪　无私关怀

恩师徐老不但在书法艺术上给我以无私的教诲,在工作和生活上也给予我无微不至的关爱。1988年,我在省城太原参加山西省第七届人大二次会议。为了使我能在书法上有更好的学习和发展机会,在会暇,徐老见到时任运城地委书记的王学良时，亲自给王学良书记推荐我到运城地区文联工作。一天晚上十一点时，我正在迎泽宾馆的房间里看文件，有一个电话打了进来，是王书记的电话，他让我到十一楼他的房间去一下。进门落座后，王书记严肃认真地对我说："你的老师徐文达先生向我推荐你来运城文联工作，负责运城书协全局工作，你有何意见？"我当然高兴，立即回答："愿意。"不久，我就去运城文联报到了。可上班是上班了，但当时没编制，只能是借调。一次，徐老在运城视察运城博物馆工作（徐老当时是山西省博物馆馆长），我晚上前去看望老师，房间里正有一位中年人同老师亲切交谈。徐老见我与那人打完招呼没说话，便一愣，说："李部长你不认识？这是刚调来不久的组织部李海恒部长。"李部长询问老师："这位是谁？"徐老说："这就是刚给你说的，我的学生贾起家，他刚从县上调文联，主持书协工作。"李部长很是热情，问长问短，从徐老口中得知我工作编制问题还未落实，立即说："你工作编制问题，让文联打个报告，我给你批就是了。"在恩师的帮助下，不到一个星期落实了我的编制，为我轻装上阵开展工作打好了基础。

卫觊、卫瓘、卫恒、卫铄四代人，从汉末至魏晋对传统书法的继承发展做出了杰出贡献，被后人称为"卫门书派"。为了促进对"卫门书派"的书法理论、遗址考证、书法成就、历史地位以及其对魏晋时期书风、审美情趣等哲学思想产生的影响进行研究、总结，我于1991年冬筹备召开"全国卫门书派理论研讨会"。筹备初期，我给徐老写信汇报，不料徐老接我信没几天就赶赴运城亲临指导，给我出主意想办法，从发邀请函到召开研讨会的细节等都给予指导，每个节点都考虑得非常细，一丝不苟；同时提交论文《异同交流与古今共识》在研讨会上讨论。在徐老的精心策划和积极参与下，研讨会开得圆满成功，得到中国书协研究部及与会者的高度评价，认为研讨会的成功召开，使大家提高了对卫门书派的认识，这对研究中国书法史是很重要的。

时光荏苒，岁月更替。1994年3月9日，在运城关公大酒店召开了距运城地区书法家协会第一次代表大会有十年的第二次代表大会。这是我主持书协工作以来举办的第一次换届选举大会。为使大会圆满成功，徐老提前两天到运城，听汇报、提建议、审议程、听主席团候选人名单。得知我没列入主席候选人后，徐老害怕我有情绪，便积极开导我，做我的工作，使我放下了包袱，很好地主持完成了新老交替的换届工作。

天有不测风云，人有旦夕祸福。由于我为人耿介、论事切直，1995年刚入春，一股逆流向我袭来，我被人中伤，愤懑之情难以言表，以致积而成疾。恩师徐老得知后，从太原打长途电话来，语重心长劝慰我，害怕我钻牛角尖，想不通，做出什么愚蠢之事。他又专程到运城苦口婆心地安慰我。为了让我散散心，丢掉不愉快，早日从逆境中走出来，他还陪我去永济普救寺、唐开元大铁牛等地旅游散心，还用"那人就是政治家"来开导我。经和徐老一路走一路谈心，我摆脱了阴霾。后来经地委宣传部部长、文联主席、书协主席团成员召开的三方会议才使我得到平反，摘掉强加在我头上的不实之词。弄清了是非，我才又重新走上了工作岗位。像这样发生在我身边的故事太多太多了。每遇大事，恩师都能第一时间发声，站在我身边，给我排忧、解难，就是亲生父亲也不过如此吧。我从心底说一声："恩师徐老，我永远永远怀念您。您对学生那般慈父之爱，永远铭记在学生的心中。"

胸怀豁达　举荐贤才

徐老的爱才是出了名的，只要你的字写得好，即使不认识你他也是极力推荐，真有春秋时期晋国祁奚荐贤之风范。

1979年，全国第一届书展筹备期间，应当时山西省筹备全国第一届书展筹办负责人徐文达老师通知（山西省书协当时还未成立），我把夏县参加全国书展的作品送到省城。一见徐老，徐老便高兴地对我说："近日一位襄汾来的年轻人带来一件署名景迅先生的作品，字写得非常好，真乃神奇之作。"为了让这件作品参加全国书展，徐老给那个年轻人写了一幅字，将这幅字留了下来。说话间，徐老打开了那件作品让我看。展卷一观，那用飞动的草书笔法所写的陈毅元帅《青松》诗映入眼帘。我看后激动不已，问老师景迅何许人氏，决定前去拜访。徐老苦笑一声，摇摇头说，由于当时过于激动，竟忘记问清作者的地址。此件作品1980年在沈阳入选参展，受到书法界的一致好评，轰动了沈阳。直到1983年的8月，我上山西师大中文系读书，才有幸与参加全国第一届书展的所谓"景迅"先生认识。其实"景迅"是笔名，他是全国著名书法大家卫俊秀先生。其实当时，入围山西选送全国第一届书法参评的作品，还有我和晋康乐先生的作品。徐老当时也不认识晋康乐先生，便写信给我说，晋康乐先生字也写得不错，可惜的是，送选的那件作品用的纸和墨都比较差，他担心送去会遭淘汰，希望晋康乐先生用好纸好墨照此再写二幅。我便把徐老的指示精神传达给晋康乐先生。晋康乐先生遵徐老的建议又精心写了两件寄给徐老。徐老接件后来信说，后两件作品怎么看都不如第一件写得好，只好带第一件参评入展。我送去省里的四件作品，徐老看后最满意的一幅就是背临王羲之的《圣教序》局部。但在全国书展评审结束后，徐老很失望。老师回到太原后见了我说："可惜了，这么好的作品，初选就落选了。"原因是有评委指出字里加了标点。徐老告诫我今后再写作品时要注意。他当时正在筹备山西省第三届书展，便把这件在全国落选的作品挂在省第三届书展上展出了。徐老的做法无不体现出他宽厚仁慈的仁爱之心和伟大胸怀。

尽管有点失望，但我记住了老师的鼓励、落选的教训。我暗想，今后在创作作品时一定要严肃认真，写出最令人满意的作品呈现给观众。

诗书画印　交相辉映

徐老不仅在书法上取得了举世瞩目的伟大成就，他在画印诗砚方面也成绩斐然。一般说，一个书法艺术家，集大成者，皆通"诗书画印"，但我的老师不仅诗书画印均有建树，而且还在恢复研制失传多年的古澄泥砚上也硕果颇丰。

徐老在书法艺术上取得的成就已是非凡，他在书法上下的苦功也是一般人难以企及的。徐老1954年调入山西工作后，在山西看到傅山的书法作品，就被傅山那连绵恣意的博大气势所震撼，被其处世孤傲的铮铮铁骨所折服。师其人、师其字，在以后学书道路上，他一头扎进傅山书法的王国里。几十年来，他寻找傅山的真迹学习临摹，尤其是到山西博物馆工作以后，看到了大量的傅山真迹，便在工作闲暇，如饥似渴地研究、学习、临摹。为了达到准确掌握傅山书法笔法、用笔结构与气韵的流畅，以达到形似，进而由形似达到神似的目标，他采用先双勾填墨，后再临摹的方法，在掌握了傅山的用笔之法和结构后，再背帖、意临。有时还自己动手用熬制的红糖做染料，把宣纸染成傅山原作的颜色，再在其上书写，以使作品直追原貌。写出的作品惟妙惟肖，达到以假乱真的程度，同时也使自己的创作大开大合，连绵大草与傅山作品的狂狷之气相融合。通过实践学习，徐老知道傅山的书法个性和癫狂并不是由空而降，他开始了寻找傅山书法创作心路的历程。他精读傅山的《霜红龛集》及傅山论书心语，加之几十年对传统的学习探索，几十年对中国文化的深入探究，几十年对古代文艺的博采兼收，对意境美的参悟，终使他对傅山书法艺术创作实践获得质的突破。

  徐老在专攻傅山书法的基础上，为使自己的书法作品更具古意，灵秀中显浑厚朴拙，更加有文化内涵，还在六朝碑版、魏晋唐楷上下大功夫。孙过庭在他的《书谱》中这样写道："草不兼真，殆于专谨；真不通草，殊非翰札。真以点画为形质，使转为情性；草以点画为情性，使转为形质。""草乖使转，不能成字；真亏点画，犹可记文。"徐老深知此中道理，但更知道这个"使转"不通过下大功夫学习研究，不通过勤学苦练的实践是不会轻易得来。平江先生在他的文章中是这样评价徐老的："对那些即使真的是记文的楷书，也从未亏其每一个点画。试看其楷书《般若波罗蜜多心经》，一派晋唐（初唐）楷法，点画朴茂优美，结字方正灵巧，可谓笔笔字字均见功夫。再看其小楷《对书法理论的探求》，虽然在审美情趣上更近墓志意味，但其中透出文人气蕴，尤其每点每画，均形到意到而又姿态鲜活。"对篆隶的学习，徐老也独有己见的。从笔调上看，对篆隶的学习不是将之作为终极目标，而是把篆隶圆润的用笔作为他草书的辅助。你再看徐老所崇敬的傅山书法，不就是用篆隶圆转用笔方法写的吗？徐老曾对我说过："工行草不宜以篆隶魏笔为起步，此者不胜行草，而行草又不能离开篆隶北碑。"有了这样的思想，徐老能写出既继承傅山草书意蕴而又有戛戛独造的拥有自己显明个性的草书之作，其中缘由可谓不言也明了。

几十年的默默耕耘，终结硕果。1996年11月，我和姚国瑾兄携手策划在北京中国美术馆举办了"徐文达书法展"。展览一开幕，立即引起首都书法界的热烈关注。你看那行草书八尺六条屏的苏轼《前赤壁赋》，一派傅山风韵，整个作品翻转腾挪，气势磅礴，笔实墨沉，浑厚雄奇，气脉贯通，一泻千里。全篇透出一种铿锵之气和阳刚之美。再看那草书诸葛亮《前出师表》长卷，卷长数十米，完全是从傅山书法中脱胎出来的另一种面貌。"孤蓬自振，惊砂坐飞"，视觉冲击震人眼球。此中体现出的旋律之美，较之以往作品更为突出，更为丰富，犹如"大弦嘈嘈如急雨，小弦切切如私语。嘈嘈切切错杂弹，大珠小珠落玉盘"。整件作品给人一种质朴而华滋的草书之美，更有一种大型《黄河大合唱》交响乐气壮山河的旋律之美。徐老用这种音乐之美、旋律之美再次凸显出书法艺术之风采，折服了所有观众，取得了巨大成功，受到了书法界广泛赞誉。在座谈会上，中国书协前副主席刘艺先生讲道："徐先生没有退休前的字我见过不少，那时基本是傅山风格，还没从傅山里走出来。但看了这次个展，使我感触很大。徐先生退休后的作品狂狷之气更加有冲击力，大开大合、笔画生动、长枪大戟，具有一泻千里的气概。有了很大的变化，判若两人。在继承傅山的风格上，有了自己的风格和面貌。人到老年，写得更好了。"时任中国书协副秘书长、《中国书法》杂志主编刘正成说："观看了徐文达先生书展后非常震撼。徐老毕生致力于傅青主法书之研究，成就斐然，越到老年书法越老辣，越耐品味，末年乃妙。从徐老书法中真正体现出人书俱老来。"整个座谈会开得很热烈很成功，赞誉之声不绝于耳，好评如潮，充分肯定了徐老书法艺术在当代的影响力。展览在京举办的第二年，中国书法家协会筹办"中国书法法国展"，中国书协筹展负责人周志高打电话给我说：这次法国展，中国书协特邀你老师参展。由于时间紧，让老师写了再寄，时间已来不及。我给老师打电话说明了情况，把徐老送我的一件四尺中堂送去参展。

徐老并没有把个展的成功看作是终点，这次展览更激发起他的创作热情，他以老牛不用扬鞭自奋蹄的精神，畅游墨海之中，乐此不疲。记得我在1998年从北京回太原看望徐老时，徐老对我说："最近我有一个想法，计划把《黄河大合唱》用草书写出来。以书法形式表达出母亲河的博大气势。"他还说，想去黄河壶口身临其境感受黄河壮阔的场面，以激发创作灵感。为此我在工作之暇，还专门陪同老师去了黄河壶口一趟。徐老见黄河壶口飞瀑的壮丽景观激动不已，顺口便唱起了《黄河大合唱》，那铿锵有力的音符飞向太空，与黄河如烈马奔腾的轰鸣声交织在一起，响彻云天。没想到年届七十六岁的老师还"老夫聊发少年狂"。

师母去世时，因老师封锁消息，我没能送师母一程；当我知道消息后，专程回太原由国瑾兄陪同我去看望老师。老师当时身体已经大不如前，显得憔悴，从眼神和行动上看有点疲惫。我清楚记得那时候老师依然在写《黄河大合唱》。一面墙上，丈二疋宣的六条屏、八尺宣的八条屏，层层叠叠挂满书房，大气磅礴的作品耗费了老师的精力和体力，震撼我的眼球。但我的老师一直不满意，还要再写，直到满意为止。这是什么精神？这是一个老艺术家对祖国传统文化的热爱，对祖国书法艺术的执着，对祖国书法艺术的无私奉献和责任担当。每当给人说起这段往事，我止不住流泪。

我的恩师不仅在书法上取得丰硕成果，还十分注重汲取多种艺术之间的营养互补。他常说，他山之石，可以攻玉——要想学好书法，功夫在书法外。恩师在主攻书法的基础上，还长于治印、刻石、治砚、诗词、国画、戏曲等等。徐老注重书写研究，在书法理论上也很有见地，写了不少论文。

在篆刻方面，恩师篆刻初学齐白石，后又学汉印，兼融吴昌硕、邓石如之法，强调刀笔并施，长与边款，擅于刻长文，还长于刻石。我曾在恩师家看到恩师刻石的好多作品，所刻的毛主席诗词五十块刻石尤其珍贵。我还帮助徐老拓印不少刻石拓片——刀法精湛，堪称佳品。长时间的治印刻石，使恩师的臂力过人，懂书法的人一看其书法作品便觉沉厚雄浑，有金石之气。有时恩师累了便自我调剂心态，放松绷紧的神经，拉一段京胡，唱一段京剧。

为了重新研制已失传久远的传统名砚"澄泥砚"，自1980年后，恩师先后多次跑汾河和黄河岸边采集泥料，四处探访，并到绛州考察。他自己设计样稿，研制出一批如《举杯邀明月》《荷塘夜色》等新样式、新风格的"徐氏澄泥砚"，先后荣获山西省科研二等奖、文化部科研四等奖，并获国家发明专利。同年，还推出《徐氏澄泥砚》一书。徐老在中国美术馆举办个人书展时，澄泥砚也同时展出，获得好评。《举杯邀明月》在展出期间，一位外国友人欲出重金收购，但恩师没舍得出手。

恩师笔下的国画，一根蘘草、一笔鱼虾、一棵杨树、一只小鸟，无不栩栩如生，透出他对生活的热爱。他的诗词歌赋，尤其古风、古体，透着李白、杜甫之风韵。

师母去世后仅仅三个月，恩师竟然也离我而去，当我接到噩耗，泪水如泉，悲痛不已。

无以为报，我能做的就是像亲儿子一样给恩师守灵。出殡时，我站在扶灵队伍的最前面，为恩师抬棺。也就在此时，我才知道恩师还有这么多学生，不仅有山西的，还有北京、天津等外地的，他们一个个过来喊我师兄，一起回忆恩师生前点点滴滴的好。

跪在恩师棺前，我泪如雨下。我回忆我的学书历程，没有恩师，就没有我的今天。2000年后，时任中国书法杂志主编的周志高先生见到我说："我对你老师的去世深表惋惜，你老师走得太急了，如能再活五年的话，你老师在书法界将更加显耀。"

恩师对学生关心、爱护，因为恩师有着无私助人、包容宽厚的性情；恩师终生对心爱的书法艺术孜孜以求，不知苦累，因为恩师有着永登巅峰之勇气和责任担当。在这里，我衷心地向恩师说一声，谢谢，我绝不辜负恩师的期望，决心完成恩师未完成的事业，刻苦努力，奋进登攀！

敬爱的徐老，我永远怀念您！

（2019年11月1日）

道之所存，师之所存
——写在先师徐文达先生逝世一周年之际

刘锁祥

不觉，恩师徐文达先生已离开我们近一年了，这一年，我是在很恍惚中度过的。记得五年前家父去世后，也是这样，悲痛不已，一年之中都平静不下来，手中任何事干不到心上，恍恍惚惚，魂不守舍、身不由己，平平的路走来，也常常是觉深一脚浅一脚的。先生对我来说，也是我生命之中的一部分，不可缺少。而如今之我，有困惑无处讨教，有苦无处倾诉，有高兴事也不想表述……活似那断了线的风筝，没有了娘的孩子。以后怎么办，自己还不知道。

今天整理物什，看到了还是在二十年前老师批改我的书法作业示范时写下的生动字迹及一些点点画画，一时间，使我恍如隔日，不敢相信老师已仙逝的事实，更不能抑制由此而产生的悲伤之情。

初次拜访、求教于先生时先生留给我的印象，至今难以忘怀。先生对一个事前未打招呼又是初次见面的学生不吝赐教，并示范写下的那一笔"捺笔"，成了我当时以及后来学习进步的一个新的起点。那是在1980年秋的一天下午，经人介绍（手持介绍人的纸条），我抱着自己几年中练过的日课作业，找到了先生当时在山西省文物商店办公的地方，鼓起勇气叩响了先生的门。在这之前，我是早已仰慕先生大名的，这次终于如愿了。由于我太紧张,当时见面是怎样说的,怎样把纸条递到先生的手中都已记不清了。只留心到先生清瘦明朗,衣冠虽朴古风犹存。仅此已经吸引了我。先生看了一眼我举在他眼前的那些字,当时虽还没说什么,但我已感觉到先生有愿意接收我这个学生的意思了。只因先生当下要参加一个店里召开的会,不好让我再等。不过,我一个下午没肯离开,耐心等待,希望能再见到先生。一直到六七点,才又见到先生。这一次先生静心地翻了几页我所临写的《多宝塔碑》,并没有多说别的,只是随手在案头的笔筒中抽出一支毛笔来,为我写了一"捺笔"。当这一捺笔完整地出现在我的面前时,我已通过先生的动作,明白了许多。顿悟楷书正字原来是这样写出来的,顿觉自己以往什么都不懂,什么规矩都没有,纯属胡写乱画、横涂竖抹。

先生对我首次褒奖,是在1982年太原市举办的一次书法展览会上。开幕式的当天,我由于单位有事未能参加,后来师兄师弟们告诉我说,先生在这次展览会的开幕式上点名褒奖我。当我第一次听闻徐老对我的评价后,心里无比的高兴,此后我练字也就更加痴迷了。接着,1985年,当我又有作品参加浙江举办的全国"兰亭书法大赛"并一举夺冠——荣获一等奖时,先生为我高兴,他奔走相告,还说这一个奖是自他主持山西省书协工作以来,在外参赛中我省获奖项最高的一次——意思是我这次为省里争了光,也为他长了脸。面对成绩,我没有骄傲,继续在先生的精心指导下更为有序地悉心研习中华书法艺术。直到1993年,先生对我有了个文字性的评价。这个评价非常难得,我一直这样以为:它对我的人生志向与艺术追求起到了奠基的作用。

1993年,在我已有这么十几年的积学之后,也是有点初生牛犊的感觉吧,斗胆拿出二十余件习作和习作照片让先生看,先生拿到手就有点喜悦的样子,并问我,是想搞展览还是什么的。我还未来得及回答,先生又说,搞展览东西显然少了点。但再做什么用先生他也没想出来。因为在20世纪90年代初期,展示书法作品除了展览这种形式外,个人出版作品集的还不多见——当然,已故书法大家的集子是有的,但像当今之人出版个人书法专集这类事全国还不多,在山西更少见。更何况我是晚辈后学，所以先生没了主意——也怪我一开始就没言明来意。最后当先生明白了我的这一意思后，老人家对此不但没有反对，还应承这本小集子的"序言"由他来写。这也正合我意。时隔不长，序写成了，先生来电话要我过去看看如何。再后来也就是小集子诞生之后，先生有一次谈到这个"序"时说，他为此连续有三个晚上没有睡觉，写了抄，抄了再写。现在回想起来，真让人心疼！难怪先生那么早离我们而去，操劳过度有为我的一份，真是怪我！怪我！！

下面录入先生"序"中的一小段话来，以作对我的再次鼓励。

　　锁祥学书从起步至今不过十几年间，收效甚佳，在我省青年书法家中累有成绩，历属早成，颇具个性。他并未涉足"现代"浮潮，未曾盲耕乱取，随"风"逐"浪"，也未严宗古序，而是在学习传统的基础上，择路探微，摸索新径，"合而不同"，"法古变今"。

实际上，在我学书的过程中先生对我并非全是赞扬、褒奖，批评的时候也很多，有时批评起来，让人面红耳赤，不能下台。譬如去年5月初的一次，那是先生生命的最后那段时间，先生指着我的鼻子哑着嗓子对我说，你应该怎么样，不应该怎么样；应该坚持什么，不应该坚持什么，而今你竟不能如人之意。虽然批评得很严厉，不给面子，事后和今天想来，先生是有恨铁不成钢的意思。可能那段时间，先生认为我走得有点远了（离谱），急于求成了吧。如今，先生唤不应，叫不答，我不能听到表扬，也更得不到先生的批评了。如此这般，怎能不叫我思，不叫我念呢？！

恩师徐文达先生，是位可亲可敬，"望之俨然，即之也温"的老师，我虽不才，但老师为我的进步与成长费尽了心和血。今我虽已在不惑之年，还要继续依照老师所指的方向不懈努力，以慰藉老师在天之灵。

（2001年4月15日写于太原师范学院）

山右寒梅晚来香
——徐文达先生书法艺术及其他

刘锁祥

　　山右徐文达先生,是一位出入于傅山而蜚声三晋的著名书法家。

　　先生字敬山,笔名岩樵,别号泥翁。1922年出生于河北完县。曾任山西省博物馆馆长、山西省书法家协会第一副主席的徐文达先生,一生倾心于书法艺术的创造,可谓是"每有会意,便欣然忘食"。卸任之后的近十多年来,先生创作更是高峰迭起,屡有佳构。1993年,山西人民出版社出版《徐文达书法篆刻集》。近期,山西又编印了《徐氏澄泥砚》专集。1996年11月19日至25日,先生在北京中国美术馆举办了宏大的个人书法展。这次展览规模之大和引起的反响之大,书界人士认为是近年首都书法展中少有的。

一

　　先生诗、书、画、印皆善,书法四体皆工;尤长于行草,草书上得益于傅青主。他于1954年从河北省调来山西,初游晋祠,第一眼看到傅山的书法,便被吸引住了。这时他开始认识到,书法自宋以后,在行草方面艺术上比较完整的还是王铎、傅山。从此,他痴情于傅山,独钟于傅山，一头扎进去便是三十个春秋。先生学傅山书法更学傅山其人。他对傅山书法有更深层次上的理解。他认为："傅山博学多才，胸怀大志。为推翻清朝统治努力半生，又终不得志，便把胸中壮志发挥到书法艺术中来。在历史上也曾有类似的大家，如王羲之、李白、杜甫、苏轼等，都经历过逆境。而有志者越经波折却越有成就，这似乎是一种规律。傅山重民族大义，重操守气节；所以，他的书法较之过去的书法要激烈奔放得多。书法在这里其实只起的是承载作用，傅山借书法抒发的是他心中抑郁之气、愤懑之情。"先生还认为："傅山连绵大草，不仅承袭了前人的精华，而且在造势与精、气、神方面大有作为。傅山通晓诸子百家，禅宗、道家均有研究，故而他的书法善于'虚笔游龙'。而虚者，气也，神也，不定型也。难矣！"他认为这就是学傅山可望而不可即的地方。先生学傅山自愧非成，但傅山书法却已成为先生的基础。

徐先生的行草书，从总的方面说是：苍雄劲健，神采飞扬。有识者谓其："刚柔相济，倾向于刚，其笔调雄浑厚重。"此次进京书展，巨制八条屏《前赤壁赋》就是其代表作之一。作品给人的印象，正如杜少陵《戏为六绝句·其一》之"凌云健笔意纵横"。在这里，法与情交融，刚与柔结合，雄与秀互见，作品严肃庄重又飘逸洒脱，确是当今书苑中不可多得之作。展出博得了所有观者的好评。

亦如傅山先生，徐先生的书法变化亦较大，非是一个面孔，有的作品常出人意料。在展出中，看到有两幅书岳飞《满江红》四屏，均为草书，一幅气贯团圞、鸿飞鹤舞、矫健姿纵，其气势直逼傅青主；另一幅则用笔轻重兼施，大收大放，左右错落，笔断而意连，别有异味。狂草《太原早秋》，更是大处落墨，雄放粗犷，笔底龙蛇。有的作品笔短而意长，体势欲张而缩，是另一种敦厚的神采，像《木兰辞》就属于这一类。有的作品则取黄山谷的长枪大戟，但间架准确，大气傲然。最有代表性的，还是他所书的十米长卷《前出师表》，全篇潇洒飘逸、酣畅淋漓，一韵到底。有评者谓：该作品体现出诸葛亮军事家与儒家的风度，堪称精品。

先生书写作品，有的要做常年的努力。笔者常见其写毛主席《沁园春·雪》，先生说，这首他从1946年写起，写到了现在。这样算来已是半个世纪了。这期间，写了多少次、多少幅，是无法计算的了。他认为，凡这样写，每次有每次的收获，又有不中意之处，故书而不止。

近年，在先生的作品中也出现了简淡书风。可是先生并未在意。其实这正是孙过庭所说的"会通之际，人书俱老"在其身上的反映。吴冠中也说："大器晚成是艺术成熟的普遍规律。"

二

有造诣的书家，有不同之处，也有相同之处。不同之处是他们各自的经历不同、方法不同、取舍不同；相同之处则是他们都创造了美。徐先生高小毕业后，没能进高一级的学校深造学习，知识的获得主要靠自学。他是靠"实践中学，实践中用"成长起来的。"从战争中学习战争"，正是工农出身的知识分子的一个共同特点。在1996年举办的徐文达书法艺术研讨会上，专家们对他及他的书法给予了高度评价：既狂放又精微，既广博又专深，说明书家有着多种艺术修养。

受家庭的熏陶，他七岁执笔，十六岁捉刀，六十多年来，始终握管未辍。乡村提供给他一个书法学习和书法练习的极好环境。斗方、婚书、金兰谱、春联、祭文、碑文、抗日标语等他都写。乡村是检验书法艺术性与实用性的一个实验场、试验田。服务于社会应用这样一段经历，增强了他书法的多面性和适应性，也为他积蓄了书法潜能。

青年时代，先生就偏爱艺术，热心于音乐、戏剧，并身心投入，不遗余力——他曾创作过歌剧、话剧、电影文学剧本。凡文、音、戏、美他均有涉猎。这方面的积累也为他日后书法的提高与发展起到了良好的辅助作用。书法上，少年时代深工柳公权楷书，稍长又学董、赵以及黄山谷的行草。后又以傅山为主，兼学二王、怀素等。对现代的于右任、林散之等大家的书法也各纳其优。

20世纪80年代初，徐先生已成为闻名三晋、有一定成就的书法家，但他不故步自封，而是进入一个潜心再学习的新阶段。这时他发现自己的字出现了轻滑倾向，弊病与所见前人学傅山者大体相似。究其原因是内涵的贫乏。沈尹默曾说："最嫌烂熟能伤雅。"这里的"烂熟"指的就是贫乏。于是返楷书、取北碑、补篆隶，以增加力度，注入沉着，使"综合实力"又上了一个新的层次。作品出现了放荡与凝练、老到含蓄与变化多姿的格局。先生说："聪明的书家是既能选择正确的道路又善于发现自己缺点的人。"此句足以垂范后学。

先生在长期的书法实践中，有着诸多方面的积累与体验，他将之逐步地上升为理论。他比较注意书法史的研究，而且一切研究以哲学思想做指导。诸如北碑与唐楷的关系、北碑与南帖的关系，以及怎样看待书法发展史中的主流与支流问题、个性与共性问题，怎样对待书法中的古今问题等等，都要具体问题具体分析，尊重事物的发展规律，不以主观想象与个人好恶来判断。其他如怎样处理作品中的正与奇、巧与拙、丑与媚、刚健与婀娜、端庄与流利等，都用对立统一规律加以阐释。孙过庭《书谱》中讲的"违而不犯，和而不同"就是对这些规律的概括。总之，先生认为，相反相成、对立统一的规律，在书法中普遍存在——没有技艺上的高难度，就不会有艺术上的高水平。

书法是以学识与修养为底蕴，再施以日积月累的功力，然后才能获得准确而鲜明的艺术表现能力。书法绝非是"任笔为体、聚墨成形"。形质不立，技巧不讲，何以见得性情？先生向来主张书法艺术的雅俗共赏。他认为这也是高难度的。每当他谈到这一问题，总举昔时的王羲之和现代的沈尹默为例来加以说明。先生说："当今所见，偏于一方者多，合璧者少。究其原因是，看不到这是一种低标准。偏玩容易得乖。"

在书法的继承与创新问题上，他主张在继承传统的基础上创新。创新就是丰富传统，不继承就谈不到创新。前卫、现代派主张的"反传统"，是一种当代思潮，在书法界它不过是一种短期行为。这些不是来自民族虚无主义就是"崇洋非己"——照外国的葫芦画中国的瓢。学习外国是非常必要的，但也要防止"洋教条"。脱离中国实际的外来思想，大都属于"洋教条"，甚至是殖民文化的残渣，百害无益。中国书法的发展是渐进的，有一定的稳定性，但它也会出现滞后于社会发展的现象，这是中国的历史，也是现实。以市场经济的高速度来等量书法是不可取的，也是不实际的。按照"相似论"的观点，世界上一切新事物的出现，首先要相似它的母体，然后又相似一别的事物，新事物才能产生。"反传统"首先不像它的母体，又找不出别的可比照的形式，就是什么都不似，这是不容易成功的，只能是昙花一现而已。

三

书画家、诗人、作家爱砚，这是中国的一个传统，先生就是个中人。他不仅爱砚，还是制砚者。若从这个意义上说，他则高人一筹。

作为四大名砚之一的澄泥砚，虽然始制于唐代的山西绛州等地，但制作工艺很早就已失传。徐先生在山西省博物馆工作时，就把这当作对古代科技的一项研究工作来抓，即进行"第二次发掘"。经过他十几年的努力，终于在1987年获得成功——澄泥砚问世。同年，此项成果获山西和文化部科技成果奖；接着，又获得国家发明专利权。

这项研究，在科学上属边缘科学，它融考古、地质、理、化为一体；在艺术上又属综合艺术，熔文学、雕刻、美术、书法于一炉。同时，对先生本人来说，既是脑力劳动又是体力劳动。

在书法界，徐先生是全国首届书代会的代表，当然也是山西书法界的前辈和山西书法组织的主要组织者之一。作品曾参加全国第一、三届书法篆刻展，而且第一届全国展是以篆刻入展的。先生一生倾注于书法艺术，晚年更重视书法教育，注意人才的发现和培养，如被埋没了多年的著名书法家卫俊秀、陈曼若先生，都是在他主持山西书协工作时发现并大力举荐的——至今在三晋大地传为佳话。如今，他培养的学生大多已成为山西书法的中坚力量。

灯塔·樵父
——追随徐文达先生习书的往事

魏立刚

1985年夏天，由绿皮火车托运的几个箱子从天津抵达太原站，太原师范的后勤主任开着电动三轮代为取货，驮到数学组，摊开在地上，示以他人，也就是一些碑帖、书画、印章等物——从此，我开始了在并州城的奋斗苦熬。彼时之省会太原，我是第一次来，中学时只是听美术老师曲润海讲过，他的老师在省城，用的最细的毛笔是用三根耗子胡子做的，这是读初中时我获得的唯一和徐文达先生有关的线索。太原宽阔的迎泽大街，两侧建筑罗列，感觉比天津卫阔气啊！

我在有着云冈石窟的大同生长，1981年考入南开大学攻读数学，民国风物荡漾、河塘缭乱的津沽却让我掉进书画的海洋，一醉不醒。街巷坊肆的匾额是习书人重要的搜寻、陶醉的靶物，我曾经大量双勾临摹过天津北宁公园的牌匾墨迹，都是些国内大家的墨宝，刘海粟、沙孟海、王个簃、顿立夫、龚望……大雪天里，我徜徉在北京琉璃厂，临摹牌匾，有清朝、民国的题迹，齐白石、郭沫若、舒同、李可染……及今历历在目，这些可看作是一部近现代书法宝笈啊。到了太原城，我自然会去沿街"巡查"品"咂"牌匾字迹，其中上乘之品即属徐文达和朱焰先生的，鸿宾楼、六味斋……萦绕脑子里。我很有法子，试着去了位于文庙的山西省书协办公室问询徐朱二老的地址，一个值班的清癯老伯举着两封信说：这儿正好有两个先生的信件，你给捎过去吧……这真是老天爷相助，一举两得啊。我骑着自行车来到王村南街省政府宿舍大院，1号楼的一层左厢是朱焰先生宅子，往里隔一栋楼的3号楼三层同样是左厢，即是徐文达先生的宅子。那天第一次各自拜访了两位先生，他们对我这个毛头小伙颇为认可，从此我便常常卷着习作拜谒朱府和徐府。两位先生皆为省里的书坛泰斗，自然是耿耿有威仪，秉性皆独造。二人略有芥蒂，这在当时算不得什么新闻。如今二翁均驾鹤西游，黄泉凿砚染翰，在筹备纪念徐翁艺事之际，我愿将历史的真实故事呈现。让二翁齐驱握手，亦是个踏雷之举，关键是年轻时诚惶诚恐的我，经历并深藏着二翁二府间的弥合趣事呢，容我慢慢道来。

我敲了徐府的门，一位慈厚的婆婆（即徐师母）开门将我迎入，在书房的长沙发上，一翁粲然，花白浓发上举，八字胡两撇，笑吟吟地颔首起身示意。我颇有些激动，这就是久仰的徐老文达翁——蓝布对襟袄褂，手持邙山牌小雪茄，青烟缭绕，俨然洞仙。左手边的老木桌上，摊着书籍图册，笔筒里一些羊毫、狼毫，兴许还有鸡毫的毛颖乱戳着，座椅后面一排书柜，而正对面墙间则悬挂着一幅八尺大轴，我的心，那一刻被击穿了——似蜿蜒瀑泻，似野崖卷云，令人浑然忘机，这即是吾晋巨擘、史书圣人、明朝遗老傅山、傅青主的连绵大草。正是在徐府，我第一次拜观了傅山之翰墨，也正是从那一刻起，我决定追随徐翁研习傅山书翰。这也是我从津门隶书、钟鼎之基底转入连绵大草的探究之源起，也是我二十多年后创立金墨大草的渊源。之后，我铺天盖地地临摹傅山，搜罗众多的文献、影印图件，向傅山挺近，盘旋于峰谷、崖壑，向着霜红龛匍匐、吮吸、瞩望。彼时，蜗居在汾河岸边，昼夜无间地"挥毫锄砚"，有诗为证：盘旋傅山秉烛夜，对饮青藤抵霞红。写好后，我再一捆一捆地驮到徐府，摊在地上，请示徐翁。春云栖鸦，秋雨浇寨，无间寒暑。某日，徐翁观吾之墨作兴起，击掌称许，先生道：历史上以北碑起手者，草书均单崩不能连属，若邓石如、康有为、于右任……你这是一个特例，填补了空白。我心跳加剧且感激，钦佩吾师奖掖晚学之胸襟。吾师曾多次告诫我：就好好搞你的大草，来日可期，定能驰骋书坛。我跌跌撞撞在寒夜的朔风里，骑车回到蜗居"溪雪庵"，作了首打油诗记录此事。诗曰：

樵父自谦谬赏徒，
虾麓耳鸣愧当之；
九令气结连绵舞，
掌旗草苑慰山祖。

日后，徐翁还亲笔题写此诗入扇，相赠以勉励。

汾河岸边的傅山碑林某日竣工，至此，傅山于我则从图册上方寸照片之体味与剖析变成于苍厚石碑前之膜拜与谛观。那时的情境有词为证：

躅沙滩瞻天，铁桥链寒，风哨荒篱走壑岩，贤弟三千骋仙界，思飘六盘。
雄肆耀真山，韵流长滩，平林漠漠如烟见，丹崖子祭祖林野，红日天间。

至今，每回太原，傅山碑林的谧境则是我必去瞻拜的圣坛。

我住在位于南内环的汾河地下桥旁的师范宿舍院子里，离王村南街的徐府很近，是故常去请教先生，有时看他润色诗稿，也吃过师母烹饪的饭菜。徐府访客络绎不绝，记得碰到最多的是楼上的邻居，京籍作家华而实先生，记得他总是戴着带铜链儿的眼镜，在徐府海阔天空一番。1988年，我在南开办展，邂逅中国社科院的研究员柳红女士，后来她邀请我去北京西单缸瓦市的家中晚餐。晚宴中一大家人交谈，她的父亲柳步庭是中央编译局的学者，山西籍，他称与徐翁为老友，并让我转告问候。各种各样的巧事，令我更敬重我的先生，感情在心底暗暗地积聚。徐翁的女儿徐晓梅，女承父业，那时是省城的书界名媛，所书颜楷厚劲，行草飒爽，在徐府多次碰面。

徐翁是位德高望重、昼夜耕作的大家，邙山雪茄不离手，青烟缭绕，"瘦峻"的二郎腿时常翘着。我若在旁会帮着沏茶，也多次边和他聊天边看他刻澄泥砚，他还取得了水夹层澄泥砚制作方法的发明专利。徐翁诲人不倦，曾给我逐字逐句读解傅山的五峰山刻石拓片"腕原罗鸷拙，腰复坠驴疼……断续团囷构，丫杈艾纳松……回顾奔驰兽，旋骇竹木龙"，挖掘了傅山的精髓，引领我徜徉在傅山的龙蛇巨嶂之中。那段岁月，历历在目，恍如昨日。还有，老人家传授给我一个运笔秘术："抖肘"，让我受用至今，堪称津筏秘钥。他说：书法讲悬腕、悬肘，而抖肘尤高。说的是做连绵大草时，手腕肘肩处于松活状态，如有诡怪附体而神迷，线条点画时亦如有诡怪附体。日后我在给学生们讲笔法墨法时，"抖肘"也成了是最玄奥制胜的一课。"樵父抖肘"，也列入了我创立的当代书法三十词语中。说来神奇，直到三十多年后的近日，和邓明阁先生微信视频，聊到正在筹划的徐翁纪念大展一事，说起徐翁"抖肘"笔法，邓老师说：徐文达过去在剧团里拉过胡琴。My God！（我的天啊！）这个迷，三十多年后才在偶然间得以解开。神奇！徐翁九泉有应，该是会心一笑吗？

习书者常常双勾碑刻拓本，我曾于徐府借其藏本《瘗鹤铭》双勾，又在朱府偶遇《礼莲池大师谒》稀有双勾本，亦借回。遂将如上二范本各复勾一册互为转馈二翁并说明原委，二翁均于各宅会心一笑。此乃一佳话也，吾作双寨二虎之栈桥也。

某年春节，我欲往津门探望恩师王学仲先生，带了我制作的徐朱二翁的墨翰复印式集册，学仲师观徐翁墨册，说道：此人瘦削，在书协活动有遇，并有澄泥砚专利……我回应道：正是。学仲师翻着复印册接着说：徐先生的书法天然跌宕不雕饰……

中国银行山西支行曾经内部印发楷行二体《千字文》，楷书书者徐文达，行书书者王留鳌。徐翁端俨楷则，仪轨完备，那功夫是令人服膺的。我仿佛撰过一文《徐翁·并州齐白石》，记述先生诗书画印多栖，水墨螃蟹毛毛腿如何淋漓，铁刀如何老辣，墨翰如何苍雄……日前，徐老小女晓梅打电话问询此事，我竟忘得影儿都没了……

在太原时，徐翁说七十岁以后将蓄须，我心想，那一定会是仙风道骨，笑傲江湖；之后的1995年正月，我就离开太原到北京圆明园画家村北漂了，后来搬到京东的酒仙桥水塘村住。熟料一个秋夜，忽然梦到徐翁，梦里我还说，吾师蓄须至今该有多长了呢？隐约梦里还有林散之老伯在手卷上沿儿题跋的镜头啥的，用的还是朱砂色……梦醒发呆，思绪飘向并州城。结果奇迹发生了，第二天我去中国美术馆办事，竟然在展厅里遇见了徐翁，晓梅跟着（好像梅墨生在东南厅办书画展），说是来察看展厅，明年要办个展。我忽然想起头晚的梦，便径直说：徐老，昨天我梦到你了……太神奇了，徐翁进京居然还会给我发梦吗？情笃情系矣。

由赵梅生先生出面延请徐翁前来太原师范学校题字：音美楼、实验楼、办公楼等，以及校门楼壁大字"太原师范"。当时用旧报纸题写，我在旁边扶纸，后来由我在暗房用幻灯机放大尺寸双勾，最后用此勒石。所以在校园里每天可以拜观先生的笔迹，谆谆教诲回荡耳边。

如今，在法国布列塔尼的古堡中激情醉舞金墨大草，在纽约哈德逊河畔的画室里叠筑魏氏魔块，在江赣龙虎山的画馆中泼墨金枝大梅朵时，我都会忆起并州城的十年锄砚岁月。追随徐翁，醉蹈傅青主的迷阵，心底里暗自默诵：是青祖（傅山，别署傅青主）和樵父（徐文达，号岩樵，我尊为樵父）给我插上了搅动云气的翅膀……

（己亥霜降前二日深夜记于京郊宋庄铁灯笼馆）

从徐文达先生手札中得到的启示

沈晓英

20世纪90年代末,徐文达先生先后两次手书于我,就我学篆书的路子和我进行了深入浅出的探讨,并提出了一些独到的见解。先生对晚学的厚爱及治学的宽博,足令我感慨,并引起我对篆书艺术发展的反思及如何走出困惑的思考。在此谨以此文致覆徐老先生并祈同道者教正。

徐老先生在给我的手札中提出:"这几年你的书法篆刻有突破性的进步,这说明专工篆隶或篆刻的路子是正确的,但篆书到一定程度便容易徘徊不前,这是一般的规律。"这是徐老先生在分析了篆书艺术的历史发展而得出的正确结论。篆书作为五体书之首,在书法发展史上起着重要的作用,占有重要的地位(我暂且将小篆前的甲骨文、金文、石鼓文及秦篆划归为篆书),并以它独有的古典美、错落美、中和美吸引了无数爱好者去探索和追求,它所缔造的象形文字体系为我们今天书法中各种手段的发挥提供了可能。"不学篆书,不懂书法",凡是爱好书法者都深知其理,但长期攻篆书容易走向死板,容易在艺术上缺乏鲜活的生命力,这也是不容忽视的问题。大家熟知,从最早的书法形态——殷墟甲骨文发展为金文、石鼓文,到后来演变为秦篆,篆书的发展不仅是从文字创造到书法艺术的自觉过程,而且在艺术上它也有从兴盛到衰弱的过程。殷商甲骨文参差错落、虚实相生、浑然天成的章法美,令今天的书家难以企及；金文端庄凝重、顾盼生姿，从众多的铜器铭文中获得最深妙的形式，也为后世书法艺术章法之滥觞。到了李斯的秦篆，秦并天下，统一文字，以往反映在甲骨文、金文中的俯拾皆是的书法美消失殆尽，代之而起的是结构严谨的排叠和规行矩步的"玉筋篆"，书法艺术至此已彻底沦为御用的工具，具有了更多的规范色彩。尽管秦篆以其特有的端庄严谨，体势工整，笔画圆润、遒劲，世代相续下来，为后世篆书爱好者奉为圭臬，但它的艺术局限性是无可置疑的。这也正是徐老先生指出的"篆书有很大的局限性，一般人不容易突破"的原因所在。

清代是我国传统文化大总结、大综合、大深入的时代。金石学的兴起，古碑志的出土日多，给篆书的发展带来了生机。邓石如可以说是这一时期书家中的首推人物。他"手书《说文解字》二十本，复旁搜三代钟鼎及秦汉瓦当碑额。以纵其事，博其趣"。更为重要的是，他顺应、发挥毛笔的自然挥运之理，将篆书艺术发展到一个新的高度。邓派的继承者吴让之、赵之谦、吴昌硕等也均以自己独到的篆书新面貌立于书法艺术之林。他们的成功一方面是有赖于精研传统，一方面又是不为传统所束缚。他们把自我融入书作之中，顽强地体现出自己的风格，因而成为一代大师。

从殷到秦，篆书的演进是历史的取舍。到了清代，篆书有过辉煌，这种辉煌也正是时代的需要；因此才出现那些天赋既高又勇于表现自我的奇才们自觉地担负起书法变革的使命，把握、选择和设计好自己，最终获得了属于他们的那一份成功。徐老先生在给我的第一封手札中写道："如何将篆书突破，须要找新的路子，因为魏碑、篆隶都属于静态艺术，有较大的局限性，一般不容易突破。但如果方法得当，则会出现新的局面。"他试举了现代书家朱复戡、刘自椟、胡公石把草书动态的笔画运用到篆书中，使篆书静中寓动，开创新面貌成功的例子，进而又说："你为什么不能为之？如能把草书写好，反过来再攻篆书，则必然要灵活得多，可以突破篆书的一般格局。"在给我的第二封手札中，他又建议我在钟鼎文上也进行一下探索，注意吸取秦汉粗犷和野俗的风格，这样篆书终会有自己的面貌。先生对晚学的精心培育是令人感动的，他在治学上的殚精竭虑和执着精神更让人敬仰和折服。创法论者认为"人必各自立家，乃能与古人相抗"。艺术贵在创新，徐老先生正是对中国书法艺术进行了几十年的精研和博采，站在巨人肩上继承传统，寻得立足，才有了自己的辉煌。他要求晚学也不能被一种墨守成规的习俗所禁锢，这样会缺少质的突破，他所看到的是篆书艺术在创作道路上的迷惘——他所关心的问题，实际上正是我几年来为之困扰、为之思考的问题。他说："你还年轻，先计划到五十五岁见分晓，我相信你只要有信心，不会失败，只会成功。"先生的期望是真诚的，先生的鼓励是淳朴的。在这里，我感受到的是先生对书法艺术的专心和热忱，对晚学事业上的全力支持。由此，我察觉到我在我所追求的事业上的不足。就此，我也对篆书艺术的创作之路进行了分析。首先是民族文化的深层习惯心理严重阻碍了自己对艺术的开拓和更新，缺乏对历史的透视和反思。其次是由此而产生的依赖和惰性心理。众所周知，博大精深的书法艺术，其历史的丰厚积淀绝不是人人可以企及的，这需要一种苦心奋斗。我们历来强调文艺要有大视野，作为篆书创作者也应站在更高的台阶和更深层上真诚地、踏实地、勤劳地在这一领地寻觅精华，摆脱阻碍，以确立自己的独立品格，并以独特的手法创造出有独特性的作品。

当然，我们不能轻视和否定小篆，它向来被书家公认是学篆入门的书体；不过通过历史反照，客观承认它的相对不足也是应取的态度。有鉴于此，审视篆书本体构建，对篆书的文化特性和深厚的传统进行挖掘，也应是走出困惑的必由之路。否则，便会在不同程度上曲解篆书艺术，更无法产生对篆书艺术研究的自豪感，创作者自身也无法树立信心从事篆书创作。大家知道，研习篆书所需的文化容量是远远大于研习其他书体的。正因如此，它在一定历史阶段在欣赏者的心目中占有至高无上的神圣地位，这无疑给创作提供了更多的启示。一是篆书种类的多样，甲骨文、钟鼎文、石鼓文、小篆、秦诏版、汉金刻文等等，都是篆书体系中不小的家族，这些古文字的形象性特征沉淀着自然万象的千姿百态，为书写创造了适合充分表现心理意象的天地。二是篆书线条丰富。甲骨文直来直去、时轻时重；金文凝重敦厚、圆转劲健；诏版天真烂漫、奇趣草率，有着圆转变方折的笔法；小篆内涵筋骨，线条具力量感。篆书堪称曲线的艺术王国，而这种曲线美贯穿了整个书法史，这自然更是创作者追求变化、追求含蓄蕴藉美的素材和养料。但是在整个中国书法史中，它只占有初级阶段的优势，对于楷书、行书、草书来说，它就显现出一定的局限性，所以在草书中汲取养分，借鉴草书的疾涩、轻重以及用墨的浓淡、干湿等，篆书作品由此也会获得无限丰富的表现力。

　　探索的领域是广阔的，需要指出的是，欲求突破篆书，应有像徐老那样扎扎实实下功夫的精神，应有对书法历史冷静的思考和深入的领悟与反思。在此基础上才能做出历史的抉择，融合时代与自我，走出篆书的樊篱，最终形成自己的艺术风格，从而无愧于先辈的期望，更无愧于这个时代。

（原载于《书法》1999年第6期）

徐文达先生为家父写祝寿辞

柴建国

　　徐文达先生与我是1983年相识的，此后我们一直相处很好。1985年后，我主持山西省教育工作者书法学会的工作，交往就更多一些。他是我们聘请的顾问。但他却不是那种"顾得上就问，顾不上就不问"的冒牌顾问，我们的工作只要需要他的帮助，他是有请必到的。我曾七八次请他来临汾指导工作，每到太原也常去看望他。我们的关系一直在师友之间。有人说徐先生孤棱难近，不好接近，其实不是的。他是个很谦和、很平实的人。徐先生高小毕业，自学成才，诗文书画印，制作澄泥砚，都很有造诣，尤以书法著名。凡了解20世纪50年代后山西书法的人，没有不知道他的大名的。时间久了，感情到了，他就给我写一些字，中堂、对联、条屏、四扇屏都有。有一年，他要在北京中国美术馆办个人书法展览，来信要我给他写一幅贺词——要同别人的贺词一起挂在他作品的前面。我想，我算什么书法家啊，和他的作品以及那么多名人的作品同室展出，不是佛头点粪吗？我开始决定不写，但后来想，先生既专门来信让我写，不写又不好。犹豫再三，还是写了。展出时我因病住院没能去北京，据说我的那幅字还是挂出来了。展出结束后，我去徐老家看他，我写的那幅字竟又挂在他的书房里。徐老还连声对我说："你这幅字，自撰的内容好，写得也好。"

1999年，我的父亲过八十大寿，我想办个小型的书展为他祝寿，就壮着胆子给徐老写了一封信，问他身体如何，能否为家父写个屏条，小一些也可。不意没过几天竟接到徐老的电话，说字已写好，很快就挂号寄来。这让我十分感动。

2000年5月27日，徐先生突发心脏病去世。去世前一个星期，他还来电话和我谈我写的有关他书法评论的事，他说我对他的评价过高了。那是我和他的最后一次通话。

我专程赴太原参加了他的追悼会，站在他的遗像前泪如泉涌，那是我和他的最后一面，而他已是隔世之人了。

徐先生给我写过不少的信，我都完好保存。我要把它们整理出来，那是我们友谊的象征。有机会的话，我会刊发出来，以和大家一起欣赏他精美的尺牍书法作品。

徐先生留给我的是永久的怀念。

（写于2007年8月25日）

我的一句之师
——怀念徐文达先生

陈建明

> 知音之交唯徐君
> 挥毫泼墨谢知音

全国著名书法家、三晋书坛元老徐文达先生，因心脏病突发，抢救无效，不幸于2000年5月27日凌晨逝世，享年七十八岁。先生的逝世是文化艺术界的一个重大损失，同时也使我失去了一位"一句之师"的知音之交。

1984年，我调太原画院以后，经过将近十年的努力，画艺有所进步，找我求购山水画的人逐渐增多，有好几次听来人讲："徐文达先生最看重你的画，说买山水画找陈建明没有错。"而且常有徐先生评价我山水画的溢美之词反馈到我的耳中。大概是人总爱听顺耳话的原因吧，听到徐先生对我的表扬，我对徐先生油然产生一种好感，庆幸自己笔墨耕耘三十多年，难得有这样一位德高望重的山水知音。

约1993年，有一天徐文达先生给我打来电话要画："你的山水画已有一定的传统功力，但画得太拘泥古法，不会有太大的出息。下一步要师法造化……大胆放笔写意的，不要工细的。"

我立即意识到先生的良苦用心。这哪是向我要画，明明是给我指点迷津啊！于是我对先生做了十分恳切的承诺。

但是，我平时画惯了严谨工细的，要给徐先生画一幅写意的，并非易事。画了几幅，自觉拿不出手，无颜见先生之面。好长时间交不了卷，未能履行自己的诺言。

1995年，我应中国三峡百景图创作组委会的邀请，参加了"中国三峡百景图"的创作活动，曾几次到长江三峡写生、体验生活。南方雾大，视物不清，宜用面皴与阔笔写意的手法。我连续画了几幅《云横夔峡》图，选出两幅比较好的，一幅入选《中国三峡百景图》大型画册，一幅送给了徐文达先生。为了表达对先生指点与关怀的感激，我在画上题诗曰：

志在林泉四十春，笔墨生涯有知音。
文达先生具慧眼，丹青歧途指迷津。
正极奇生开生面，泼将水墨见精神。
送君云横夔峡图，愿尔长寿与山同。

我将画送到徐先生家中，先生看了说："画得大有进步，奔放中不失严谨，给你多少钱吧？"我说："您老先看看这首歪诗吧，我是来向您老汇报学习成绩的，哪敢要先生的钱。"先生看完诗后说："不歪，不歪。"我说："我讲临县方言，发音不准，写诗往往弄错平仄，不格律，为了表达对先生的感情，也就大胆写了，请先生教正。"谈到绘画艺术，先生意味深长地说："学艺之事，有些问题好比一层窗户纸，看你敢不敢捅破。敢于捅破这层窗户纸，就可以大进一步！"

与徐先生的这次交往，虽然寥寥数语，却令我茅塞顿开，使我认识到"拘泥成法，死路一条"的道理。先生对我五十岁以后的艺术风格的发展变化有很大的影响，是我确确实实的"一句之师"。先生为人耿直忠恳，提携后学的精神是我永远不能忘怀的。先生高尚的艺术与品德永远是后人学习的榜样。

（写于2000年6月2日）

徐文达先生二三事

河东一苇

昨天与同事去运城市政协副主席潘和平先生处,听他讲了著名书法家徐文达先生几件事,觉得颇为亲切,记在此间。

早就听说过徐文达先生的大名,他是山西省博物馆原馆长,山西省书协原第一副主席。他的字与傅山先生神似。他与运城缘分颇深,曾经在运城行署文化局当过副局长。

他认为,书法是表达性情之作,但表达性情的前提是要把字写完整了。他是河北完县人,其书法像瀑布一样气势磅礴,有一种酣畅淋漓的浩然之气。

中华不如828

多年前,应该是20世纪90年代初吧,徐文达有一次去永济办事,住在宾馆里,看到宾馆中有书法"宾至如归"四个大字,署名是潘和平,便问宾馆的同志,说能不能把写字的这人请来。潘和平先生时任永济市市长,得知徐先生到永济后,赶了过来。

徐先生见到潘先生后幽默地说:呵呵!永济有个有文化的市长,好!说得潘市长连说几句"不敢当"。

两个人聊书法，聊历史，谈得很是投机。

徐老临走时，潘先生给他带了几条中华烟。

徐老见后说，你不如把这烟换成"828"的好。

其时，在场的人也弄不明白"828"是何物，只得将就着让徐先生将烟带走了。其后，才知道，所谓"828"是芮城卷烟厂曾经出品的一种烟，原来售价仅两毛多钱一盒。

一屋子的字

有一次，潘先生忽然接到徐老打来的电话，徐老在电话中说：我现在临汾，你马上派人把我接到永济去。

潘先生不明就里，连忙派人将徐老接到永济。

到永济后，徐老告诉潘先生，说是临汾有个活动，主办方早早就把他从太原接过去了。他问接待的同志，为啥把他早早接来，接待的同志很老实地说，就是想让你多写些字啊！

徐老一听不高兴了，大约是想，你想让我多写字，我就多写字吗？一怒之下来到了永济。

到永济后，徐老与潘书记（潘和平先生时任永济市委书记）一直聊到晚上十一点。

令人没有想到的是，第二天一早，工作人员去请徐老吃早饭，却发现，宾馆房间里桌上、地上、椅子上全是徐老写的作品。

听徐老的随从讲，老人一口气写到半夜两点多才搁笔。

徐老在临汾不愿意写字，到了永济却一口气写了一屋子，其真性情可见一斑。

据说当年，徐老写的字被不少有缘人拿走了，其中有工作人员，有官员，当然，永济市也留了不少，不少景点都有徐老的字。

书界有"人书俱老"之说，徐先生的书法到老年更是妙境丛生，被许多书界名家称妙，他是山西书法家在中国美术馆办个展的第二人。第一人是稷山籍国学大师、书法名家姚奠中先生。

我在网上搜索了些徐先生的资料，照片上徐先生面容清癯，目光炯炯，有点像我的爷爷啊。

文以载道　书能达神
——记恩师徐文达先生身前教诲二三事

武　磊

徐老师离开我们已有十个春秋了。每有操翰之事便常常念及徐老师对我的谆谆教诲。

今又课字，忆及徐老师，心怀感恩之情，遂写点文字追忆吾师。

说来惭愧，虽然徐老师是我的恩师，但我却没有正式拜师成为徐老师的门下弟子。理由倒也简单。那时候既不兴跪拜师礼之仪，也未有敬茶收徒之风。那个年代，对于我们这些初入书道的年轻人而言，与老师走得近些，得到的指教与点拨就多一些。古云："一日为师，终身为父"，我心里认定徐老是我的老师了。

徐老师身前的教诲常常萦绕耳际，过去的一点一滴也浮现眼前……

初识：听徐老师讲《书谱》

20世纪80年代中期，书法热潮席卷全国，徐老师当时任山西书法家协会副主席，是山西书法界的领军人物，他除却繁忙的工作之外，还经常到各地指导工作，举办书法讲习班。那时我还在地市工作，且刚刚步入书坛，对书法艺术有着热烈的执着的追求，渴望得到名家的指点和引导。这一天终于来了。记得第一次见到徐老师是在1986年的冬天，徐老师赴长治指导书法工作，我有幸见到徐老师并向徐老师请教。更为幸运的是，徐老师挥毫题字时，我能在旁侧为徐老师抻纸、挂字。对于一个初入书道的毛头后生来说，能亲眼看到书法大家现场挥毫泼墨，是一件多么幸运的事情。徐老师挥运之际，畅达而舒展。在场观者无不为之感叹万分。徐老见我一旁侍候倒也勤快，小憩之隙，徐老师问及我的名字和学书经历，我坦诚地将自己对书法的喜爱之情和学书经历说于徐老师听，徐老师连连点头，以示鼓励；又随手拿来一张四尺三裁宣纸，主动为我题写一幅"带燥方润，将浓遂枯"条幅，并题上我的名字。我惶恐之余，双手接下。此情此景，铭刻于心。问及徐老这八个字的大意时，徐老师搁笔而憩，点烟之际，开始讲述这八个字的含义。

徐老师在弹烟一刻，便让人感到一种大气与自信，他的这个举动至今深深印在我的脑际。他说，"带燥方润，将浓遂枯"是唐代大书法家孙过庭《书谱》里面的一句名言。"一点成一字之规，一字乃终篇之准。违而不犯，和而不同；留不常迟，遣不恒疾；带燥方润，将浓遂枯……"徐老这么一背，惊呆周围人。说实话，那时刚出道的我根本不知道孙过庭何许人也，更不知孙过庭《书谱》为何帖，精妙何在。徐老接着说："孙过庭是唐朝著名书法家、书法理论家，其代表作《书谱》既是一篇精妙的书论佳文，也是一本草书精品字帖。'带燥方润，将浓遂枯'这八个字的含意是指用笔的一种方法，意思是说燥笔中含有润泽之态、浓笔中存在有枯笔劲道，笔墨之中，枯湿浓淡，尽显丰富，也才显现出书法线条的无穷奥妙。"

从那时起，我才知道了先贤孙过庭、名帖《书谱》。而今二十多年过去了，我已从一个热血青年渐入中年，如今案头放置十数种不同版本的《书谱》供我研习，《书谱》的佳文我也时常诵读。徐老师的那一次教诲在我心中刻下深深的烙印。

求字：师生情谊

20世纪90年代初，市场经济已深入人心，书画界的"润格"二字已成常用词语，"润笔费"已在书画界广泛流行。许多书画家已将自己的辛勤劳动转化成经济价值。

记得有一天，同事因工作之事欲求徐老师书法一幅，托我玉成。我斗胆告之徐老师，不想徐老师爽快答应——想来是因为我们有师生之谊——他很快写好交于索字同事。同事接到徐老师作品后，十分高兴，但言及书写纸张不太合意。我又到徐老家中言说此事，恳请能否再换纸书写。徐老听后二话没说，当场重新换了宣纸，并将原来的四尺对开重新加宽三分之一，重写原作诗句，落款嵌章。当我手捧作品时，感激之情难于言表。小憩点烟，徐老师说了一句话，令我感动万分。他说，书法作品首先是字要好才是根本，纸张并非十分重要，古人留下的墨宝大多片纸散页，用料各异，每个书家都有用纸习惯。那时我并未知这些话的真正含意，后来想起，方才懂得徐老师话的深刻道理。而今一些市井竖子，三二日操翰弄墨，便凭着某种伎俩"一举成名"，称"横"于书市。他们完全不注重书法传统和功力，或仅靠纸张的色彩变化和形式别样吸引猎奇者目光。徐老师二十多年前的话，何尝不是告诉我等晚辈要注重传统，要取其精华，不要太过关注皮毛。

得宝：无意于佳而佳

单位有一报纸已办多年，虽是小开版，倒也正规，国家刊号。报头名称为徐老师书写。偶然一次，单位的一位长者给我讲起他向徐老师求字题报名的经过，听起来曲折但动人，说明他对徐老师所题报名是十分喜爱的。

有一年已近岁尾，过年气息渐浓，各家整理家什，打扫门庭，到处以新换旧、清理陈迹。我偶在院内散步，路过一废旧堆，发现有一书法小条，上前一看，长不足半米，宽也仅十公分左右，但凭我的眼力，一看便知是徐老师字体——是徐老师为那报纸题写的报头。双手捡起,轻弹尘埃,惊喜之际,如获至宝。后来问及有关人士,告之,因那墨迹尺寸较小,且未有书家落款嵌印,也无甚收藏必要,故随手弃之。听后,我心里偷乐,遂放于密橱,视为珍宝。

哲理:从故事中得来

那些年,一有机会便向徐老师讨教书艺与做人道理。徐老师确也平易近人,兴致之时便成了位可亲的长者。徐老一次给我们讲的一个故事,至今悠然在耳……

20世纪80年代后期到90年代初期,书法艺术已受百姓喜爱,盈余人家便也悬挂字画,有识之士更视之为珍宝,因此,向书画家索字求画者众多。一天,一位官人向一位著名书法家索字。由于这位官人与书法家在同一小区居住且也相识,于是书家考虑邻里上下,遂书就一幅作品送予这位官人。官人虽不识书意,却也装裱悬挂于室内,以充文雅。半年后,又近年尾,打扫庭橱已是每家常规。一日,书家路过小区一垃圾堆,看见一幅书法条幅静静躺在那里,走近一看,竟然是自己年前写给那位官人的书作。书家捡起自己那被别人丢弃的作品,掸掸尘土,一脸茫然,不禁感慨万千……

书法作品是书法家的劳动果实,不管别人如何看待,自己一定要尊重自己的劳动。尊重别人就是尊重自己。懂得和喜欢书法的人,视书法作品为文化宝贝;不懂得和不喜欢它的人,也仅是附庸风雅,过后随手丢弃,不会珍惜的。书法就是一种爱好,余时弄翰,修身养性。既不能随心所欲看作耍耍,也不能太较真,铜臭味道太浓。

小记:大师的情怀

20世纪80年代中期,硬笔书法热潮开始风行全国,成千上万的爱好者加入到学习硬笔书法的队伍中来。那时的我,也是一名硬笔书法的狂热追随者，到处拜师、携友举办活动、上传下达成立组织。徐老师作为当时的书坛宿将，不仅没有小视这雕虫小技，还身体力行，鼎力支持。1988年，山西硬笔书法协会在我们几个热心人的策划、筹备下在省城太原正式成立，德高望重的徐老师被推选为山西硬笔书法家协会首任主席，而我当时是主席团里年龄最小的副主席。这一老一少合作起来倒也欢畅，求教起来更是近水楼台——那年我二十八岁。后来我调省城工作，在徐老师的指导下，1995年我与同道主编出版《山西硬笔书法家精品集》一书。徐老师亲自为本书题词："硬笔书法要扬长避短，根据硬笔的特点，从传统书中，包括工具改革而创新，前途将是无量的。"而且徐老师还提出许多意见和建议，为精品集的出版倾注心力。

……

  竹影仍偕身影在
  墨花尽带泪花飞

徐老师离开我们十年了，但他生前对我的谆谆教诲却永远回响耳际，合什祈求徐老师在天堂安息之际，我等也会谨记教导，潜心翰墨，为书法之事而倾心竭力。

高深如圣人，平易如百姓
——深切缅怀徐文达先生

赵建章

外地任职回归山西不久，惊闻徐文达老先生已仙逝几年了！他走时我未及送上一程，抱憾之感久久无法排遣，思念之中写下了这篇文字，以寄托深深的哀思。

我和徐老既非亲朋，也非至交，我只在他晚年时才有幸与他有过两次短暂接触，但他那可亲可敬的形象便立在了我的心头令我永难忘怀。

那是1985年初秋，单位举办了一次职工书画展览，临近闭幕时，领导说若能请位名人来指点、讲评一下就好了。可议论到请谁时，谁也没主意。我插嘴说，山西省书法家协会副主席徐文达先生，那可是海内外知名的书法大家，特别在东南亚各国，享有极高的声誉，能请他来就好了。我这一说，人人叫好，而且领导当即指定让我出面去请。我心里发了怵——那么大个人物，我是只闻其名，不识其人，怎能请得动人家？于是我极力推辞。领导说，你不认识，别人也不认识，总得有个人先出头吧？你先去试试，不行了再说。我想想也是，既然不是死任务，去就去吧。联想到时下的世风，便问领导，如果徐老提出什么条件如何答复呢？领导说："只要人家来，提什么条件你应什么条件就是了。"有了这话我才应承下来。

第二天一早，我怀揣着单位的介绍信，骑上自行车，找到了在太原市文庙街的山西省博物馆。里面只有一个办公室没挂锁，敲门入内，只见一位很瘦的小个老者坐在硬板椅子上。他略显驼背，两鬓花白，六十岁上下的样子，胡子稀疏，头上扣一顶塌了架的蓝布帽，一身洗得泛了白的蓝制服，五粒扣子只扣着三颗，脚蹬一双半旧的黑布鞋。看这样子，应该不会是我要找的知名大家。

"找谁呀？"我犹疑中对方先开了口。

"想面见徐老。"随话递上了介绍信。

他边展介绍信边说："别徐老徐老的这么客气。到这儿找姓徐的八成就是找我。坐吧。"他看完信，放在桌子上，一脸的笑容："算是你找对人了，我就是徐文达。这事啊，行！什么时候去吧？你们单位在什么地方？"

我喜得话没说出口，心里早乐开了花。机缘天赐！来的路上我还在反复想，请这位大名人不知要费多大的周折呢！准备了许多谦恭的话，打了几套腹稿，结果半点儿没用上！徐老不仅没有提任何条件，甚至连一句多余的话也没说，便答应得如此干脆利落，令我喜出望外，十分感动。

他一再问我单位在什么地方，我说明天一上班带车来接他。他笑着说："我又不是什么达官贵人，就是个写字儿的，接什么？我自己去就行了。"我心目中的书法大家，却说他自己是个"写字儿的"，他轻轻一句话重重落在我心上，让我心中泛起一阵波澜。

不管他怎么问，我就是不肯说出单位的地址。

转天上班，我带车去接。当时徐老住在原山西省博物馆旁边的一排平房里。房子已经老旧，墙面多有剥落，露出片片斑痕，有的地方灰色的砖墙裸露出来，门窗的油漆也龟裂了。不寻常的是，门外几棵桶般粗的大槐树，枝繁叶茂，生机勃发，树荫遮盖了大半幢房子。敲门入内，一户三室，人进人出，徐老正进早餐。他吃饭的样子很个性，左手叉开五指，掌中托个大碗，碗里是热气腾腾的金黄色的玉米糊糊，连筷子也不用，送碗到嘴边，一边转着碗一边呼噜噜地喝，很香甜很惬意的样子。我怕他心急，说："徐老，慢慢用，时间早着哩。"

徐老说："亲是故乡人，香是家常饭。这玉米糊糊粥是好东西，哪天也离不了。牛奶、面包吃不惯。听口音你像是老乡，哪儿的人？"

我说："河北定县人。"

他边喝边笑着说："那咱是近老乡，我是完县的，咱两县连界。抗战那阵儿，我们常在定县那块儿转悠打鬼子，常常是前半夜在我们县打，后半夜就到了你们县，那叫神出鬼没。"

闹半天徐老还是位老革命哩！一个参加抗战打仗的人，怎么练就的一笔好字？真令我佩服。对此，他却不在意地说："全在爱好，文人说执着，就是锲而不舍吧。打仗那阵儿，行军途中要休息，出战前要隐蔽，在这空当里咱用脚把沙土一抹就是一张'纸'，拣根树棍儿就是一只'笔'。小鬼子他打他的炮，放他的枪，咱练咱的字；号令一下，抬腿就走，什么都不误。我从七岁上练字，五十多年了，一天也没间断过。世上无难事，只怕有心人嘛。"

我还是头一次这样面对面听徐老说话，慢条斯理，就像和熟人拉家常，没半点架子。如此亲切和蔼，抹去了我对他的生疏感，没觉出半点儿距离。

这时，徐老的老伴儿过来催上了："别光说了，快吃吧，人家等着哩。"徐老许是怕只顾自己吃饭而冷落了我，才说："我吃我的，你在屋里随便看看吧。"那喝糊糊的呼噜声明显地快起来。

这间屋子，看样子既是客厅也是餐厅，又是他的书房，满满当当。靠东墙的一个装有玻璃门扇儿的旧书橱里，上下三层的隔板上放满了形态各异、材质不同的篆刻实品。这时我突然想起来，徐老不仅是著名的书法大家，而且也是声誉甚高的金石篆刻家。在书橱与简易沙发的空隙处，落地堆放着尺把厚已经着墨的宣纸，我的眼睛盯在了上边。徐老又说："随便看，这是昨天晚上刚写下的。要字的人太多，欠账太多，应接不暇，光国外友人就有二十多家等着哩。你看的这些是写给日本、新加坡、加拿大友人的。国内要的只好往后排了，与国外的文化交流更紧要一些。"徐老这般年纪了还经常加夜班，这让我联想到门外生机勃发的大槐树。徐老不老，老当益壮。

接徐老的车子到得单位门口，迎候的领导和职工一齐拥上来。徐老急忙下车和大家一一握手。进了展厅还没坐下，没喝一口水，便开始对三百多件展品一一端详，件件讲评，时不时把作者从人群中叫到眼前，给予具体指点。在人们的簇拥下，徐老一直讲评了一个半小时，才在热烈的掌声中坐下来讲话。他讲话不拿稿子，也不拿腔作调，和人聊天儿似的："你们是搞建筑的，都是行家。对于建筑，我是门外汉，一窍不通，得向大家学习。不过，世间的所有事物都是相互联系的，而不是孤立存在的；特别是建筑与书法是近缘艺术，有许多相通之处。比如盖大楼要打好基础——基础不牢你盖的楼不是斜了就是裂了，严重的还要倒塌。写字也一样，也要打基础——基础打不好字也难写好。怎么打好写字的基础呢？就是找范本多读帖、多临摹，勤学苦练，打下牢固的基础之后才能熟中出巧，才能创新。还有，建筑很讲究结构，这是设计和施工的重要环节；写字也很讲究间架结构，字的结构失衡，不歪便扭……"他的讲话深入浅出，极富哲理，于是阵阵掌声回荡在大厅里。

徐老最后说："我也不能白来这一回，下边我写几幅字给你们的展览留个纪念吧。"人们又是鼓掌又是叫好，全场沸腾起来。我们早有准备，七手八脚摆开桌子，铺开宣纸，砚墨伺候。徐老自带笔来，起身解囊，已被围了个里三层外三层。有些人挤不上来，干脆搬来椅子、木凳站了上去，居高临下观看。徐老脱去外衣，挥毫泼墨，一连气留下了八张墨宝，郑重地盖上名章，才站直腰身，深深地缓口气，用手绢把额头的汗滴擦了擦。这期间，喝彩之声，响彻大厅内外。不等徐老离席，所出条幅均不翼而飞，没了踪影。此时的徐老似是兴犹未尽，招呼大家："别光我一个人写呀，大家也来写写，咱们交流嘛。"他的一句话又掀起了一个高潮，一个接一个的人走上来在徐老面前试笔。徐老不离左右，静观默看，逐一品评，并给予热情鼓励。欢声笑语，如潮如涌，那激动人心的热烈场景，至今历历在目。

徐老那渊博的学识、深入浅出的讲话、精湛的书艺、谦和的人品，从此在我们单位传为佳话。

来年，单位决定办张企业报，责成我筹办。报头字是报纸的眼睛，要找个好写家题写报头。我不假思索，直奔徐老家。当时，徐老已从原省博物馆旧址的平房宿舍搬到王村一幢楼房里，三室一厅，宽敞明亮，已今非昔比了。我们进门，徐老午睡未起，是他老伴儿迎接我们的。我说明来意后，她说："写字啊，我叫他起来。"我们赶紧劝阻："别叫，别叫，让老人家多睡会儿，我们等等。"她和善地笑着："他有什么了不起的让你们等着？就会写几个字罢了。我叫他起来。"不容分说，吩咐完家人递烟、泡茶，她转身进入另一个房间。

徐老当初自己说自己是"写字儿的"，如今老伴也说他"只会写几个字"，可见徐老当初所说不是故作姿态，而是自己给自己的一个定位，这等家风令人钦佩。

不一会儿，徐老揉着眼睛出来了。我说："您这住房可是鸟枪换炮了，比原来的强多了。"他一边用热毛巾擦脸，一边满足地笑着说："改革嘛！这改革还没几年，改革的成果我先享受上了。"说着，他已站在了写字台前展纸润笔，"来吧，写什么，说吧。"他大概是习惯了，来的人大多是求字的，不等人求，他先开口问。我们也不客气，立即递上去报头字。他俯下身，"山西建工报"五字一挥而就。直起腰来，手中仍然握笔不放，退后一两步，凝神端详审视。好一阵儿，重新伏案又写了两条，再审视……如此三番，写了五条之后，才轻松地笑着说："就这了吧，你们挑一幅吧。如果你们看着不好，咱再重来。随手的活儿，不费事。"我说："我们一张小报还让您这么认真、劳神……"他打断我的话："一张报纸就像一个人，报头就是人的脸和眼睛，眼、脸不好看，人还好看吗？咱共产党讲的就是'认真'二字嘛。"徐老的字哪儿有什么挑头！随便一幅就很好。

报头写好了，我们本该走了，可是，因为上次书画展上徐老的墨宝被人抢了，我们没有得到；来之前就想好了，一定要借这次机会"求宝到手"。但事到临头，见徐老已经有些累了，一时不好意思开口，可又舍不得错过这次机会。手拿题写的报头，赖着不走，没话找话说。不过三言五语，机敏的徐老就看穿了我们的心思，笑吟吟地说道："我再给你们个人写幅字吧，要不要？"我心里顿时像开了一扇窗，高兴得连个"谢"字都忘记说了，只反复说着"求之不得，求之不得"。徐老又问："写什么吧？"我说："随徐老所赐。"于是，徐老再次挥笔，为我们各写了一幅条幅。给我的条幅至今仍挂在我家客厅的墙上——令蓬荜生辉，也断不了有人前来欣赏。

  有了这两次接触，徐老便成了我心目中的偶像。有关他的事我爱听，有关他的文章我爱读，见了他的字我更是爱看。据说，他是小学学历，七岁开笔习字，十六岁提刀篆刻，锲而不舍几十年，终于登上了辉煌的艺术殿堂，令人钦佩。更让我感佩的是，为了普及书法艺术，他不仅到过我们单位，还曾奔走于许多行政机关、厂矿企业、高等院校，他每请必到，每到必评必讲，讲后又必挥毫留字，却从不言报酬。他亲近老百姓，体恤弱势人，一次就无偿捐赠给残疾人基金会书画作品一百多幅。老先生可说是举手是宝，然而他从不介入商业性交易，只全身心致力于党的艺术事业的开拓精进，到了晚年依然过着清淡的百姓式的生活。这一切，彰显着他伟大的品格和高尚的情怀。直到现在，无论我走到哪里，我还时不时地能见到他的墨迹，每见一次都会有一次惊喜。那字儿或楷或行，或草或隶，或长或扁，千姿百态、神韵各异；但不论如何变化，总能让人一眼就看出是出自徐老先生的手笔，万变不离其宗，点点画画展露着他那独特的风格和特有的精神风貌。如此精湛与高深，令我这个外行人都痴迷、慨叹不已。

  徐文达老先生虽然离开了我们，但他永远活在我们心中！

徐文达先生的最后时光

刘永新

2000年5月27日凌晨,一代书法艺术大师徐文达先生与世长辞,享年七十八岁。

夫人逝世三个月后,大师走了……

徐先生的女儿徐晓梅说:"父亲的逝世与母亲的故去有绝对关系。父亲脾气不好,性情耿直,母亲贤淑,无微不至地照料他的生活,今春母亲突然故去,父亲心里无法适应……可以这样说,没有母亲,就没有父亲今天的艺术成就。"

徐文达先生的婚姻虽为父母包办,但先生与夫人相随六十余年,相濡以沫,感情笃深。徐夫人一生不涉社会,料理家事并哺育六个子女。晓梅说:"母亲去世后,父亲从不在我们面前流露这种伤感,只是在母亲去世的当天掉了泪。父亲这一段时间为筹备赴河北举办的个人终生艺术成果展一直在不停地创作,人们都知道他处在艺术创作的亢奋期和成熟期,称其为'末年乃妙'。"

徐先生去世之日,正是夫人逝去整三个月的祭日,或许,这就是生命中那些冥冥中的因缘。

最后的《沁园春·雪》

5月26日上午，徐文达先生在家一边刻砚台，一边看电视里正在播放的京剧。午饭后他一反常规没有午睡，接着刻他的砚台。下午，他将院里一位常为他铺纸、磨墨的老书法迷邀来，说："早就答应给你写字，今天给你写吧。"徐先生一口气写了毛泽东的《沁园春·雪》四条屏。发现第二屏上丢了一个字，先生又执意将第二屏及以后共三屏全部重写。写毕已是晚六点多钟，徐先生却意犹未尽，又为二儿子写了一副对联。这时，年近八旬的徐先生方感到十分疲惫。

晚十时多，女儿晓梅接到父亲电话，说感到胸闷，浑身没劲。晓梅忙赶到家里为父亲叫来120。因血压超低并调不上来，遂入山医一院。但血压始终没有上来，且心电图大乱，诊断为心肌梗死。次日凌晨两点十分，徐先生仙逝。

晓梅还说，25日，父亲就已忘情地为河北艺术展写了一天《黄河大合唱》，其间，要去北京吊唁赵朴初先生的山西民进党同志来过，徐先生为赵朴初写了"宗师不眠"的挽联让他们带上。

永远的对襟马褂

徐文达是当今书法界公认的草书大家，他深悟傅山书艺精髓，故其书磅礴苍劲、浑厚雄健；又取北碑之沉雄、篆隶之圆润朴茂；借山谷之舒展、跌宕，糅颠张狂素之率意奔放，合而为一，自成一格。其书品势如万丈瀑布，浩荡酣畅，观来令人拍案叫绝。而先生的书法、山羊胡子、对襟马褂、方口布鞋以及一根细若小指、恍若先生一笔狂草写就的枣木拐杖，无不一脉相承于他对祖国民族艺术的感悟。

徐文达一生对祖国和故土怀着挚爱的感情，这在其狂草《黄河大合唱》中得到淋漓的展现。每写到激情奔放的《保卫黄河》，徐先生都是热泪盈眶，在黄河的怒吼、黄河的咆哮声中，先生将赤子情怀都倾注于笔端。

大师之大与小草之小

徐文达为自己即将付印的自传定名为"平凡的小草"。"先生名盛天下，怎能自比小草？"弟子们吃惊不小。

1996年，中国首届书法艺术节在天津举办，徐先生应邀前往。与先生展柜斜对的是天津著名书法家、天津商学院书法教授况瑞峰的展柜。况先生折服于徐文达的艺术魅力，托人对徐文达表示：一定要拜入其门下。徐文达推却不过，只得应允，还举行了拜师仪式。

先生去了，一头白发的弟子刘汉跪在灵前痛哭："老师批评我时总是一针见血，毫不藏掩，一想起老师的严谨、正直，那是真亲啊！"

人书俱老徐文达

王彦平

1996年，徐文达先生迈着健朗的步伐走进了他生命之旅的第七十四个春秋，也正是在这一年，他昂然步入北京中国美术馆，举办了轰动京华的个人书展。中国书界为此震动，为此兴奋不已。开幕式后，书协还专门举办了"徐文达书法艺术研讨会"，评论家们一致认为，徐文达先生的书法雄浑厚重、错落跌宕。中国书协副秘书长刘正成盛赞其书法"寓精微于粗放，达到了人书俱老的境界"。

著名书法理论家梅墨生认为徐先生的书法"情功两见，既有功力，又有性情，技术性与精神性达到了一个很好的统一，其广博与专深的完美结合使其进入了中国书法界的领衔代表阶层"。

徐文达先生是山西省著名书法家，字敬山，笔名岩樵，别号泥翁，1922年出生于河北省完县。曾任河北省保定专区文工团团长、山西省运城行署文化局副局长、山西省书协第一副主席等职，现为山西省博物馆名誉馆长、山西大学师范学院名誉教授。

书法是人生的艺术，"人书俱老"是人一生的涵养、修养灌注笔锋的结果，成功的作品源于丰厚的底蕴。徐文达先生"人书俱老"的境界与他丰富的人生阅历、广博的艺术修养以及对书法艺术孜孜不倦、勤奋求精的追求精神是分不开的。

徐文达先生自幼酷爱翰墨。他七岁学书，此后主要是靠自学获得知识的，他曾不无自豪地说："我没有高等学历这块牌子，但我走的是一条勤奋、自学、苦学的路子，在实践中学习，在实践中笔耕于社会。"六十多年来，他历经风云战火，始终握管未辍。他的书法气势磅礴、粗犷豪放，这与他经历了军阀战争、抗日战争、解放战争及历次重大历史运动是分不开的，徐文达先生的书法因此也注入了深深的时代印记。

徐文达先生曾说："书法是对物象、思维的高度抽象，我的书法也是对古今书法各家的高度抽象。"少年时代，他曾深工柳公权的楷书，稍长又学董其昌、赵孟頫及黄山谷的行草。20世纪50年代，他醉心于傅山的草书，又兼学二王、宋四家、僧怀素等，三十多年勤耕不懈，终于由形似趋于意合，渐入佳境。80年代，徐先生已成为一个颇有造诣的书法家，但他并未故步自封，而是进入了一个潜心再学的新阶段。这时，他发现自己的字出现了轻滑，究其原因，是内涵的贫乏。沈尹默曾说："最嫌烂熟能伤雅。"这里的烂熟就是贫乏。于是，他返楷书，取北碑，补篆隶，以增大力度，注入沉着、迟涩、拙朴，又加入大横大直，既寓其内，又出其格，突破隶、魏之过度收敛、方整，克服字间互相离析、分制之缺点，加之刻石、雕砚、绘画意味的掺入，徐老的书法进入了一个新层次，作品出现了端穆与变化多姿的格局。徐先生的楷书集欧、柳、颜、赵与北碑于一炉，从容自然，作品以《心经》四条屏为代表。中国书协于曙光高度评价这幅作品的功力不亚于赵孟頫的碑帖。徐先生的行草书，从总的方面来说是苍劲磅礴、婉转流畅、沉着痛快、凌厉大气、神采飞扬。其代表作大草《前赤壁赋》十条屏狂放、流畅、气势磅礴，是公认的上乘之作；手卷《前出师表》，字迹潇洒自然而又多变，风采气韵极好；狂草《五柳先生传》被认为是狂放的典范。近年来，徐先生的书法出现了简约、淡泊、内向的风格，代表作《陋室铭》四屏是一幅淡雅清丽的行草，有多维的面貌。

徐文达先生性格开朗、思维敏捷、精力充沛，有着蓬勃的生活激情，同时他又富于文人气息，有儒家风采。他认为书法艺术是一种综合艺术，有着对多种艺术的包罗性。青年时代，他热爱艺术，对音乐、戏剧、诗词、绘画等都有广泛的涉猎。苏东坡云：博观约取，厚积薄发。艺术的广博与专深使徐先生的人生感情、审美笔调比较多样，在书法的表现手段上既有狂放又有精微，既有粗犷磅礴又有闲静清雅。敏感、活跃、激情的个人气质使徐先生的文化底蕴丰富、多维。与他谈过话的人都会感到，他的心态很像一个年轻人，容易接受新事物。书法之外，他的篆刻也独具特色，以冲刀取清雅峻拔的风貌，刀笔并重，亦书亦刻，各得其优。特别值得一提的是，四大名砚之一的澄泥砚，制作工艺久已失传，徐先生经过十余年的潜心研究，终于使这一中华瑰宝重现光彩，徐氏澄泥砚集雕刻、书法与篆刻艺术于一身，其中之精品《举杯邀明月》可称得上是砚中极品。

　　徐文达先生对书法艺术有着深工不懈、无成不止的精神，其用锋、用笔、用墨务出其精，常舍易求难，以寻找最佳的表现方法，"书不厌精"，学书中无论宏观意韵与微观细末从不苟且。如书写毛主席《沁园春·雪》这首词，他从1946年写到现在，也不知写了多少遍，而且每写都感觉有未尽意之处，故作而不止，直到如今。徐先生之所以如此，一是先生敬慕这首词，二是要求艺术上的精到以锤炼笔墨。他花甲后曾对学生说："不要急于求成。艺术不经过时间的磨炼，经不住推敲。"现在，中青年书法家在当代书法艺术潮流中求新求变的意识比较强，在这个问题上，徐先生认为：求新求变是书法艺术发展的必然，书法艺术常青就需要不断发展与创新；但求新求变不能脱离继承传统，更不能脱离扎实的基本功和基本修养，脱离了传统的求新求变只能是昙花一现。

　　"人书俱老"是书画界特有的艺术规律，也是书画界最高层次的艺术境界，极少有人能达到。而徐文达先生作为一名蜚声三晋、享誉国内外的书法家，以其作品中"融汇百家而了无痕迹"的大家风范对当今我国书法艺术的发展贡献巨大，他虽年逾古稀，但仍笔耕不辍、奋斗不止。衷心祝愿他永葆艺术青春，写出更多更好的作品。

（写于1997年）

徐文达与卫俊秀的"书"缘

赵万怀

徐文达、卫俊秀,同是书法大家,同样心系秦晋文化。

徐文达先生,曾任山西省书协第一副主席,著名书画家和篆刻家,年近八旬。卫俊秀先生,陕西师范大学教授,驰名中外的书法家和鲁迅研究专家,今年已九十二岁高龄。1979年,在两位先生素不相识的情况下,徐先生对卫先生成名作品的问世起了积极的推动作用。此后,两位先生不断交往,推动了秦晋两省文化艺术的交流。

卫俊秀先生是山西省襄汾县景村人,1936年毕业于山西大学教育学院。解放后,先后在西安高中、陕西师范大学任教。1947年出版《傅山论书法》一书。1954年出版《鲁迅〈野草〉探索》一书。正当卫先生风华正茂之时,一场灾难落在他的身上。

1955年,在批判胡风运动中,卫先生被视为"胡风分子",受到批判斗争。1958年,卫先生又因"历史反革命"罪名被判处劳动教养三年。1962年获释后,卫先生被遣返原籍劳动。

在长达近二十五年的逆境中,卫先生自强不息,仍然坚持学术研究和书法创作。他在日记中写道:"要善于处逆境,欢迎逆境!顺流而下,哪个不会;逆境而上,非有大勇者难能。""写几笔:潇洒字,给人以轻松愉悦之感;豪爽字,给人以英雄气概之感;倔强字,给人以愤世嫉俗之感。""吾笔力所至，是使千人军沮丧破胆。往古书家所梦不到的铁笔也。"从这几段日记中可以看出，他已醉心于书法。由于当时的历史环境和卫先生的处境，他书写时常用"景迅""若鲁"等笔名。"景迅"，即敬仰鲁迅的意思；"若鲁"，即要向鲁迅一样地做人。鲁迅的硬骨头精神支撑着卫先生在逆境中精神不断升华，书法艺术不断创新。

党的十一届三中全会的召开给卫先生的学术研究和书法创新带来了新的希望。在这历史的转折关头，徐文达先生对卫先生成名作品的问世起了关键性的作用，这对卫先生的书法创作起了重要的推动作用。

1978年秋的一天，卫先生写好一幅条幅，内容是陈毅元帅的一首诗，"大雪压青松，青松挺且直。要知松高洁，待到雪化时"，署名"景迅"。一次偶然的机会，徐文达先生见到了这幅《青松》，大为赞赏，并得知了卫俊秀先生的坎坷经历，于是把这幅《青松》送全国首届书展参展。

1980年5月，全国首届书展在沈阳举行。卫先生的成名作品，在徐先生的发现和举荐下终于面世了。从此，卫先生在书法界的影响逐渐扩大。

卫先生的问题平反后，1980年，他回到陕西师范大学。1986年，在徐先生的策划下，山西省书协在太原为卫先生举办了书法展，由此，二位先生才第一次见面。从此，秦晋两省的书法艺术交流日渐增多。陕西师范大学与山西师范大学等院校联合举办了书画展和卫俊秀书法艺术研讨会。1992年9月2日至6日，陕西师大、山西师大、陕西省文史馆、山西省书协等单位联合在北京举办卫俊秀书法展览。襄汾县于1995年10月建成永久性的"卫俊秀书法艺术馆"，卫先生将存藏的书法精品赠送该馆。现在，该馆已成为秦晋文化交流的重要标志而被记入史册。

广泛涉猎，锐意追求

素 石

1996年11月，徐文达书法展在中国美术馆举行，中国文联、中国书协的领导出席并剪彩。《中国书法》杂志社、中国书协研究部召开专场研讨会，对徐先生的书法艺术进行了评论。其展览在首都书法界引起了强烈反响。最近，赴京汇报展又在山西省博物馆展出，受到各方面好评。

徐文达是位一专多能的书法家。诗、书、画、印无所不能，真、草、隶、篆，各有其妙，尤以行草见长。其行草往往以四条、六条、八条、十条屏巨篇展示。用笔随意而动、随情而变；线质凝练生动，滞厚中显出苍劲挺拔之力，疾行时充满飞动之气；设墨酣浓滋重，连绵铺陈，间或飞白跃动；字势变化多端，奕奕生动。通篇布局严谨而不呆板，放纵而有法度，或沉稳，或简约，前后呼应，意念一气贯注，感情一注喷发，充分显示出作者具重整体、贯大力、讲气势的能力。其作是其"既重心态，也讲氛围，更重韵味和境界"的创作思想的生动体现。

徐先生的成就是他认真学习传统，孜孜追求的结果。就其行草书来讲，初学赵文敏、董其昌，又学黄山谷，而后把精力集中于傅山。傅山先生的作品，特别是那些长篇行草巨幅所表现的笔酣墨畅、生动遒劲、凛然大气的艺术特色，使他叹为观止；傅山先生那种爱国胸怀、民族气节、宏大抱负在书法中的体现，使他灵魂跃动。他以傅山书法为基石，广泛涉猎，为我所用。他不像有些人那样，拜倒在古人名人脚下，死描、硬描，跳不出框框；他是在继承借鉴中正确处理学习与创新、肯定与否定的关系，在不断的艰苦的冲撞中力求裂变、突破。所以，他能继承传统，走出传统，以自己的独特面貌展现在人们面前。

当然，徐先生的追求，不仅仅是在书法的圈子里兜来兜去，他还在更广的领域里游弋，把多方面的知识、才能集中应用在书法艺术中。他在20世纪50年代以前专攻音乐，而后又创作过歌剧、话剧和电影文学剧本。他热衷于写诗填词，也常常挥毫作画。他在年轻时代就书写过婚书、祭文、碑文，在文艺处时又经常撰写文艺评论。他精于金石篆刻，又在制作、发展澄泥砚上大做文章。胸有成竹，激情常在。每每进行书法创作，他能心手合一，因而放得开，收得住，能尽其精微。

古砚新生记

佚 名

《商甲骨文选》载:"甲骨,其文字的表现形式大致有四种:一、笔书。笔蘸墨或朱直接书……二、单刀书刻。将文字先书于甲骨之上,然后用单刀契刻……三、肥雕。肥笔书写,聚神、气、势、力,精心雕镌……四、刻字饰色。有不少甲骨刻后涂朱、墨或褐……"这四种方法无一离开毛笔的。想来,古老的岩画也不外这几种制作方法(也许有时直接用矿料涂写)。可见中国文字和绘画的形成,是和毛笔结伴相行的。殷商时期,陶器发达,写字用的颜料是用矿石在石板或陶皿中研磨而成的,所以后来叫这种磨具为"研"或"研瓦"。于是,从卜辞起,毛笔和研瓦一直在为记载中华民族的活动信息,反映中华民族的精神文明中,扮演着非我其谁的重要角色。

到了唐朝,书法、绘画艺术空前发达,人们开始用石头制作"研瓦"——以后逐渐被命名为"砚台",意为用细石所做研墨用具。文人学士在书画创作中,对砚台的形质提出愈来愈高的要求,对砚台的感情也愈来愈深;由此,就演绎出丰富多彩、美好动人的砚文化来。

唐、宋以后,书画文人对砚台给予了特有的关注。砚谱、砚史、砚铭、砚赋、咏砚诗等文章层出不穷,对砚的要求与研究都达到很高的水准,砚的品名日多,造型考究,争奇斗艳。甚至一方砚台,配以砚屏、砚山、砚滴、砚盒等，构成一个精美的"小家族"，置诸案头，让人赏心悦目，足以提高人们写字作画的情趣。因此，制砚便逐渐发展成为一个专门行业。据宋朝欧阳修《文忠集》载，南唐时，国家专设砚务官，查评砚石优劣，规定制砚工艺，审定砚台品位，对高等级砚台要造册严管，以防流失。这一风尚开砚学之先河，成为后世砚文化的滥觞。

人们在实用中，逐渐品评出以广东端砚、安徽歙砚、甘肃洮河砚、山西澄泥砚为最上品，后书画家无不因拥有这些名砚而欣慰自豪。题诗铭砚、馈赠知友、求砚评砚，成为高尚社会交往。在上述四大名砚中，以澄泥砚资格最老，其并以自身独具的特长，受到人们的青睐，宋、明间多有"绛州人善制澄泥砚"的记载。宋朝《砚谱·诸州砚》云："澄泥，唐人品砚以为第一。"清朝梁巘《砚论》载："昔东坡云：'砚以滑而发墨者为佳，而二德难兼'。"他集前人所见做出结论："端石之弊，过细而不发墨；歙石之弊，发墨而嫌过粗；澄泥软而发墨，最为适中，而其弊易至于凹。"但他仍然认为因其"发墨时有过于端石者，写大字最宜，未可徒弃此而不取彼也"。大概当时已无人能制泥砚了，梁记"澄泥砚以旧者为佳"。他在扬州得大砚一方，初以为澄泥，以两千钱购之。售者曰："此江南'粉皮青'也。若'澄泥'，岂肯以贱价售与君乎？"可见到清乾隆年间，澄泥砚的身价仍高于端、歙。

因为澄泥砚的诸多优点，唐、宋间大大发展了对它的制作工艺，除质地细软发墨为上外，在造型设色上也走上达到艺术欣赏的高水平。如宋制澄泥"玫瑰紫学士砚"（又名玉堂式），其形质和价格都超过了端砚。其他如以设色为上的"鳝鱼黄"，以造型称善的"荷叶鱼"等等，都是澄泥砚的名品。它们既是书案好友，又是雅典艺术，在艺苑中大放异彩，并因其在书画活动中的特殊贡献，而独得文人专宠。

令人遗憾的是，宋、元之间，战乱频繁，澄泥砚的制作失传了。清朝康乾盛世，乾隆帝曾亲自主持恢复这一名砚的工程；但因工艺不当，未能重现澄泥神采。江南海门州曾以"海中澄沙久而结者"烧制，终以"亦不甚好"而停业。令人向往的澄泥砚，只有在古砚收藏者手中或历史书籍中露其峥嵘。

徐君文达,精于书法、篆刻,旁涉绘画、诗词、雕塑,故而对民族传统文化无不热心探索。他在研究砚学中,对澄泥砚产生兴趣。当他任运城行署文化局副局长时,亲至澄泥砚发源地新绛县,实地考察,查阅史料,开始系统地研究其制作方法。他身体力行,十几年不辍,在批判继承和大胆创新的前提下,对前人经验去芜存精、去伪存真;同时依据科学原理细心试验,反复探求,终于在配料、设色、成型、焙烧以及后期加工等方面,取得系列性科学成果。他对澄砚先求质地——坚润而发墨,继求造型——高雅的艺术制品。同时,在制作中充分发挥他书法、篆刻、绘画、雕塑方面的优长,连续创作出实用价值优,艺术品格高,质地盈洁如玉,滑而发墨,久磨不凹,形象秀美典雅,色彩斑驳陆离,文化内涵丰富,集科学技术与综合艺术于一身的徐氏澄泥砚来。

中断数百年的名砚终于在山西恢复了,这引起了文化界的关注。许多识者认为,徐砚在形与质上都赶上或超过了前人。当著名书画大师董寿平先生手抚徐制澄泥砚时,赞叹不绝,并强调这一国粹及其制作方法不能落入他人之手。徐砚在京展出时,一日本收藏家几次抬价求购《举杯邀明月》砚,因徐君谢绝而未能得手。徐砚凭借在科技和文化上的成就,取得了国家发明专利权和部、省各种奖,电视台也做了专题报道。

徐文达并未为已取得的成就而陶醉,这些反而愈益激发出他的创作热情。几年来,他精心设计,精心设色,精塑细刻,调整火候,烧制出大量上佳精品。《举杯邀明月》,一轮洁白满月在薄云中穿梭,下方是诗人李白,正把他的酒杯举向月宫。该砚温如玉,声若磬,饱含诗情画意,应是一方上乘孤品。《兰亭砚》,体若斑纹赤石新凿,砚形简朴敦厚,额刻"兰亭"二字,落落大方,背面砚底刻《兰亭序》全文,字迹中流溢二王神气,刻工游刃自如、涩中藏锋,书艺刻技珠联璧合,非徐手莫能出此绝活。仿古《风字砚》,形若悬钟,仪态安详,青绿石色增加了砚台的古典风韵。《大象砚》,色、形、质俱佳,叹为天成。《金鲤砚》,鱼身逼真,黑背红腹,金光闪烁,跃跃欲动。拿起鱼身,露出一洼细腻光洁的砚池,令人叹为观止。《牛童砚》,质坚体光,设图奇巧,硕大牛身为砚池,上端牛背上卧一顽皮牧童,情景交融,乃为艺术佳作……面对百数方徐砚，林林总总，却无一不文质彬彬，皆为上乘"文房居士"；一砚一式，皆细润、发墨、耐磨，三德具备。徐砚，使澄泥砚获得了新生，使古老的"四大名砚"全家团圆、满门生辉。

（写于1994年8月）

徐文达治砚

姚姬娥

　　文化名流徐文达先生的书法是有口皆碑的，他在画、诗、篆刻等方面的造诣也令人叹服；但徐先生治砚，且发明了水夹层澄泥砚的事恐怕就不广为人知了。

　　我国古代以笔、墨、纸、砚为文房四宝，四宝中唯有砚可与人相伴终生。砚具中广东肇庆的端砚、安徽歙县的歙砚、山西绛州的澄泥砚、甘肃洮州的洮河砚有"四大名砚"之称。唐人品砚，以澄泥砚为第一，澄泥砚以绛州产最著名。但据台湾故宫博物院院刊中所刊魏美月先生的文章《澄泥砚》说，清代乾隆皇帝自乾隆四十一年（1776）起，曾御制过澄泥砚，也是从绛州、稷山、河津取的泥，由江苏制作，但亦未恢复唐法，所以制作活动没有延续下来。魏氏说："其地道的制作因系秘方，到宋代已失去大半。"说明真正唐法制澄泥砚到宋以后就失传了。

　　徐文达先生书名远播，却常为无一方好砚而伤脑筋。他曾到汾阳、平遥、大同、天津等地买砚台，但大部分研墨效率都很低。徐先生有一次到文物商店买了方一尺二见方的砚台，同样不发墨。偶尔碰到名砚，虽身价很高，但质地太细，也是不发墨。

　　为了求得一方好砚，细心的徐先生先从理论入手。他从大量的资料中得知，好砚易发墨，夏天不沤，冬天不冻，又不易干；但这种砚恐怕是一千方砚中仅有一个——寻一个好砚如同大海捞针。

一次，徐先生买了一方绛州澄泥砚，用时发现发墨好，即使磨到最后也不干，他便生出了自己研制澄泥砚的念头。先生是个有心人，他认定的事，就一定会干下去。1974年，他在运城行署文化局工作，曾几次到新绛县了解澄泥砚的历史和现状，并开始着手澄泥砚的研制工作。到山西省博物馆任馆长后，先生更是乐此不疲，对研制澄泥砚好似着了魔。不仅如此，他把研究古代科技看成是博物馆的任务之一，铁了心要搞出个"第二次发掘"。

徐先生研制澄泥砚的自身条件还是不错的。制作澄泥砚首先需要理想的泥——江河湖泊的沉积层是由不同质地的泥构成的，泥中无用的东西被水过滤，凝胶也被冲走，剩下的就是最理想的制砚原料。因此，山西省的芮城、屯留、神池、平遥，河北的白洋淀、甘肃的敦煌……几乎临近江河湖的地方，都留下了他的足迹。每到一地，先生总是要带回一抔土或一块泥以进行细致的研究。1986年去敦煌参观，他看到有座辽代的塔仅剩半边而至今不塌，土的黏性非常好，就拿回了一块土。到家后，先生又后悔拿少了。再去敦煌时，大伙去参观月牙泉，而先生则思谋着去哪里搞些土来。他就是这么执着，把自己的希望寄托在这些泥土中。

澄泥砚的制作要求非常精细，哪怕针尖一点大的漏洞也会使制作前功尽弃。制砚时，徐先生就用水压法先把泥里的空气排掉。每天他都早晚加班，常常夜里熬到三点，情绪激昂时便通宵地干。一个时期，他身体奇瘦，体重仅剩四十六公斤，真应了"为伊消得人憔悴"那句话。

有一道难题是，无实验场所。正好博物馆院里有一闲置的大鱼缸，先生便用它装了一大缸泥沉淀了一冬天。第二年春天，水渗得差不多时，再往上撒一层锯末，让水慢慢渗掉。不料打扫卫生时，有不知情者看到不卫生，就把锯末给扫了，徐先生积攒一冬天的心血被"一扫而光"，急得他直摇头叹息。

澄泥砚有雕有塑，有的先雕后塑，有的先塑后雕，徐先生硬是把他刻字的功夫用到上面，从设计到雕、塑，再到色彩，几乎总是一个人做。有道是天道酬勤，经过十几年的钻研，徐先生研制出的澄泥砚泥质、烧制、造型、色泽都属上乘。抚之如童肤，观之如美玉，"是陶不像陶，似玉并非玉"，煞是奇特，惹得众多内行人爱不够。董寿平老先生到山西省博物馆，不惜花费三个小时去详细了解徐氏澄泥砚。

权威人士认为，上乘的澄泥砚发墨有两大特点：一是腻而利，即光滑与摩擦力合二为一；二是研墨经久不滑，砚芒不秃，不必担心磨之不利。徐先生研制的澄泥砚最突出的性能是发墨而不损毫。说起他研制的《举杯邀明月》《对鱼砚》《仿明代荷鱼砚》《五蝠砚》等名砚，先生一一道来如数家珍，满脸的自豪和得意。1987年，徐氏澄泥砚获国家发明专利。

徐先生不是魔术师，但他像变戏法似的，不仅使失传几百年的澄泥砚得以复生，还在研制的过程中发明了水夹层澄泥砚。原来，澄泥砚有渗水的弱点，古人对此无良计可施。徐先生利用大气压力等科学原理，把渗水和防水的两个部分有机地结合起来，砚体中间设计为空心，研墨时从下面的小洞往空心注水，从而阻止了渗水并使墨池永远保持湿润。正因为此，徐先生落了个制砚家的美名。1987年6月，中华人民共和国专利局授予他澄泥砚的制造方法及水夹层澄泥砚的制作方法发明专利权。

徐先生的砚，早已在中国当代名砚中占了一席之地。

澄泥砚，这种融地质学、绘画、书法、篆刻、诗词歌赋等为一体的综合性艺术，在当今的山西，乃至中国，是和徐文达的名字紧紧相连的。

回忆恩师徐文达先生

李治国

傅山云：作字先作人，人奇字自古。

恩师徐文达先生，字敬山——因敬重傅山书法和做人，故取"敬山"二字；笔名岩樵；号泥翁——我国失传几百年的澄泥砚，就是恩师经多年呕心沥血研制而成，故取号"泥翁"。1996年，编撰有《徐氏澄泥砚》专辑。

恩师受家学影响，自幼学书，遍临古帖，颇为用功，在当地有"小神童"之称。参加革命工作后，在河北曾任小学校长、地区文工团团长；1954年调山西，曾任山西省电影发行公司经理、运城行署文化局副局长、山西省博物馆馆长。主持成立了山西省书法研究会，1981年，主持成立了山西省书法家协会，并担任第一副主席。曾任山西省政协常委、山西工艺美术协会常务理事、山西诗词学会顾问、山西师范学院名誉教授等职。

恩师多才多艺，对文学、音乐、戏剧、美术无所不能。后专工书法、篆刻，勤奋不辍。书法多体，犹善行草、狂草，笔法多变，苍劲磅礴、婉转流畅，飘逸跌宕，气势雄宏，遒劲豪迈。用笔八面用锋，线条刚健有力，如同古树老藤，行中有草、草中有行，不失古法，形态天然，妙趣天成。

今年是恩师逝世二十周年。二十年来，我无时无刻不在心里想念他。他是我的恩师，但更像是父亲。在我的日常生活、工作、学习当中，他给了我父亲般的关爱……每每想写点什么以释心中之念，终因笔太重——思念太重、回忆太浓而搁笔。不像姚国瑾和贾起家先生那样，提笔就能写，张口就能说，人家那是功夫，那是才！我心里服！虽说拿不动这支笔，但也想试着写写，以表思念之情！拿起笔来却不知从哪里写起，只好想到哪儿就写到哪儿，想起什么就写点什么吧！是杂谈？是随想？随它！今天写出来只为怀念我的恩师，也为同道和广大书法爱好者述说一个耿直朴实、平凡和善、敬业奉献的徐文达先生！

自幼我就喜欢写字，作业写得非常整齐，每星期还写一次仿，经常受到老师的表扬，但这当然不叫书法。书法可不是随便写的，至少我这么认为。

长大后我参加了工作，单位上有报纸，上面经常刊登一些书法作品。那时看见什么都新鲜，什么都好，还从报纸上剪下来收藏。其中有一个人的作品深深地吸引了我。"明月几时有，把酒问青天……"其字就像老树与荆条缠绕在一起，一气呵成，非常有劲，耐看！究竟有多好，我形容不出来，只有一种说不出来的喜欢！在我的脑海里，这位书法家一定很高大——就这样，这位书家的名字深深地留在了我的心里。

1979年，我调到太原工作，闲暇之余在五一广场西侧商店的橱窗里见到了这位书家的真迹：书毛主席的《沁园春·雪》四条屏。我站在那里足足看了两个多小时，而且之后又去了不止一次。这位书家就是后来影响我一生的恩师——徐文达先生！

我们是怎么认识的？说起来很偶然，但也是必然。20世纪80年代初，我偶尔路过南宫，看见"山西省书法展"广告牌，我就走了进去。我原来根本就不知道书法还能办这么大型的展览！作品挂满了整个大厅，真让我的眼睛不够用啊！展厅中有一群人正围着一位个子不高的老人听他讲评书作，我自然也就凑了过去——有好多词我都是第一次听到。人们都称呼他"徐老"，后来得知他就是徐文达先生。使我惊讶的是，老人长得很瘦小，和我想象中的他相去甚远，这让我当时愣怔了半天！就是这次的偶然，我结识了恩师徐文达先生。我真幸运、真幸福——老师竟真的收了我这个学生。

我们的师生情就这样开始了。老师写字我抽纸，老师搞书展走哪儿我跟哪儿，主要任务是到观者中聆听他们的意见和建议，然后向老师汇报。有空我就在老师家里练字，听老师的教诲。

先拟位（间架），后正位，再到位。不欠位，不超位。

肥瘦、迟速、浓淡、方圆，抓重点字，起伏、错落，一气呵成，出手自然。

这是老师当时写给我练书法的要素和要领。多年来，我一直珍藏，也一直按照老师给我写的这些书法要素要领练字写作品，受益匪浅。

1986年，太铁书画函大成立，我在那里任教，我的备课内容老师都要亲自过问，对有纰漏的地方及时给予指正。老师还让我去向袁旭临先生求教，袁旭临先生亲笔给我回信讲解。这些充分体现了老师的谦恭豁达和对教育工作所持的严谨态度。没有老师的支持我怕我真的不行。

老师非常厚道、慈祥、善良，从不计较个人得失，从不张扬。只要有人上门求字他就给写，从不论身份高低（李立功先生去了老师家好几次，我才知道他的身份），所以社会上老师的作品最多。这里我要讲一下我的师母。她是一个家庭妇女，朴实忠厚，待人接物非常热情，我一直把她当母亲，她也把我当儿子看待，而且不止一次地这样说。有这样一位母亲，我很幸福！我买电视机和摩托车都是师母给我拿的钱，而且在那个年代，一分钱就是一分钱呀！我对师母和老师的感情是无法用文字表达的，他们都是世上最善良的人。无论家里去多少人，老两口都是热情款待，有外地来的还经常留下吃饭。有时老师还坐在马路牙子上和环卫工人聊天，问寒问暖，走到哪里都没有架子。这就是老学究的品德，这就是艺术大师的品德！

2000年5月27日早上，我接到老师仙逝的噩耗，如同一个惊雷，不敢相信自己的耳朵，半天没有回过神来！说好30号要一起去写字的，怎么说走就走了呢？

老师走了的这二十年来，我经常在梦中见到他，他的音容笑貌，还和活着的时候一样，我们在一起写字——和真的一样。我家里一直供着老师的像，留着胡子抽着烟对我笑，看着我读书写字——好像老师就在我身边，我们每天还在一起……

老师品评书法艺术一直都是对字不对人。有一次，榆次的毛苏南先生在博物馆巧遇老师，从包里取出一幅六尺对开的书法作品请老师点评。当时李庶民先生等也在场。通常书家拿上作品都是让前辈或同道说好，说出不好一般都很难接受。老师却毫不客气地指出很多问题，好在毛先生也是书法艺术的践行者，真真的能够虚心接受，也是难能可贵。有一年省书展，我有点急功近利、盲目跟风，瞒着老师用现代派书风写作、参展。展出当天，老师在展厅见到后，立即把我叫到面前，狠狠地批评我说：为什么不写传统书法？为什么要跟风？为什么舍弃传统文化？你从什么时候开始写这种不入法的东西的？传统书法是中国的正宗艺术和文化，是几千年老祖宗留下来的珍宝，来不得一丝一毫的马虎，必须认真对待；否则就是对传统艺术的不尊重，是对传统艺术的亵渎……直至现在，我每每写字创作时，都不敢对传统书法有丝毫的偏离，也不敢去追名逐利！

如果说老师对别人是严格，那么他对自己可以说是苛刻。他从不放过一个错字和一幅自己不满意的作品，尤其在晚年，四尺四屏、六屏，六尺四屏、六屏、八屏、十屏，八尺四屏、六屏、八屏、十屏、十二屏、十四屏、十六屏、十八屏、二十屏、二十二屏等，都是常人难以想象和涉足的，但只要有一个字不满意整幅作品都要重写，在章法上更是精益求精。每次写完都要放在地上反复审视，若我在的话，也会让我帮他挑毛病、找不足。有的作品一创作就是几年，如《黄河大合唱》，创作了七八年，老师多次去黄河壶口亲身感受黄河的雄壮，写了无数遍，直至完美——真是千古绝唱！其中的艰辛我亲眼所见，也亲身体会！用老师的话说：每一个书法家都是用纸堆出来的。老师无愧于周志高先生的高度评价：徐文达先生为我国首屈一指的书法大家！

1987年，我和老师去五台县的一个镇（镇名我忘记了，只记得当时那个镇是专做石碑和砚台的），老师去那里给刘少白同志书写碑文。碑宽八十公分、高两米多，老师用小楷一口气写了五六个小时才写完，中间没有休息一下，没有喝一口水，没有吃一口饭，那是5月份的天气，五台那地方多冷啊！我看见老师趴在碑上写，心里真痛。老师真不容易啊！那可是尽义务啊！这就是我的老师、我的恩师，这就是言传身教……我们后辈在做人做事、读书写字、学习工作上还有什么困难不能够克服呢？

以上种种只是我在老师身边工作、学习、生活中见到的一些片段，每当我想起老师，这些片段就像演电影一样，一幕一幕地从我眼前闪过！

我真的好想您——我最敬爱的老师！

最后引用当年老师追悼会上，刘正成先生撰、田树苌先生书的挽联，以寄托我的怀念之情：

砚海潮空百幅龙蛇乘雾去，
墨林落泪一代草圣不重来！

（写于2020年元旦深夜）

文达先生

黄京生

（一）

二十三年前，一个干瘦、微微驼背的老人走进了太原师专阶梯教室，他是受校学生会邀请来给学生讲书法欣赏课的。老人声音很低，教室麦克风又不好，讲了一小时后，听课的学生便坐不住了，噪声愈来愈大。老人突然停止了讲课，他用严厉而明亮的眼睛盯着台下，一直等教室鸦雀无声时，老人才缓缓地说：中国书法源远流长、博大精深，非三言两语能道明，你们不愿听，我也不讲了。不过既来了，就给你们写几幅各种流派的字吧！

老人在教案上铺上毡子，几个懂一点书法的学生赶忙上前铺纸弄墨，老人将隶书、篆书、楷书、行草各写了一幅。这几幅字朝台下一亮，教室里顿时爆起热烈的掌声。人不可貌相，老人的书法真是"笔走龙蛇"啊！教室里的学生一下涌到了讲台前，"再写一幅""再写一幅"，他们将老人围个水泄不通。

这位老人便是徐文达先生。"桃李不言，下自成蹊。"讲座之后，同学学书法蔚然成风。文达先生家就在太原师专附近，一些爱好书法的学生便成为他家的常客了。

（二）

文达先生出身耕读之家，只读到高小，卢沟桥事变爆发，他就早早参加了革命。1954年，从河北调到山西。傅山先生奔放的草书，令他一见倾心，决定将一生献给书法事业。

徐老挥毫，连绵不断、一气呵成——即便上千字的诗文、丈二匹的条幅也是如此。但对作品内容和书法风格未能达成统一的，他不写；对谋篇布局、经营位置不了然于心的，他不写；对诗文尚未背诵得滚瓜烂熟的，他不写。

胸中有竹才画竹。文达先生的"胸中之竹"，得自他长年的刻苦钻研。他爱写"常把艰辛当乐为"的条幅，这是他的座右铭，也是他艺术生涯的写照。

平常人的裤子总先破在膝盖和臀部，文达先生的裤子总破在右裤腿上——一有空闲，他就在裤腿上练字。尤其是那些他认为自己没写满意的字，他总是反复写、练。等字练好，裤子破了。他老伴常说："再耐的布，也吃不住你整天划。"

在书法艺术上，文达先生一直都在勤奋学习，他的书法也一直在不断变化。他临过二王、颜柳，学过赵文敏、董其昌、怀素、黄山谷，尤其对傅山书法下过苦功。他认为在书法艺术上没有捷径，只有博采众长，方能自成一家，方能步入书法艺术的殿堂。

1996年，七十四岁的文达先生在中国美术馆举办了个人书展，参观书展的中国书协领导对展览的一致评价是：大器晚成，人书俱老。

"晚成"，道出了文达先生对书法艺术不懈努力的探索；"俱老"，道出了文达先生晚年书法艺术已臻炉火纯青之境。

（三）

文达先生多才多艺，不仅诗书画印均得心应手，而且在其他领域也勤于钻研，勇于开拓和创新。

20世纪70年代，他在《文房四谱》中看到这样一段话："缝绢囊汾水中，足俞年而后取出，泥沙之细者，已实囊矣，陶为砚，水不涸焉。"此文所言及的，正是失传的我国四大名砚之一——山西绛州澄泥砚的制作方法。

书中寥寥数语，激起了文达先生研制澄泥砚的决心。

1975年，任山西省博物馆馆长的徐文达亲自挂帅，组成了一个研制澄泥砚的班子，从此开始了找土、挖窑、澄泥、制砚的漫长研制路。

我与徐老相识正是在他研制澄泥砚攻坚阶段，他办公室门口立了一个硕大无比的鱼缸，鱼缸旁有一个烧砚的小火窑，里面泡着从新绛县汾河古河道上取回的黄泥，院里的铁丝上吊着一袋袋用布包裹的澄泥，徐老整日伏案，研究泥土成分，解决烧制中开裂、不发墨、渗水、色彩等问题，忙得不亦乐乎。

正是凭借脚踏实地的苦干和锐意进取的开拓精神，徐文达先生化腐朽为神奇，普普通通的黄泥在他手中变成了五颜六色且温润、发墨的澄泥砚。

失传数百年的澄泥砚，在先生手中恢复了往日夺目的光彩。先生由此获国家发明专利。

（四）

文达先生天性俭朴，他打心眼里厌弃奢华。在他早年，这俭朴可能是因为受他农村生活的影响；而在他中晚年，在他担任山西省博物馆馆长、省书协副主席，每天登门求字画的人络绎不绝时，他依然俭朴如初，则足以说明这完全是出于一种自觉。

文达先生一生没穿过西服，也没穿过皮鞋，他常穿的中式外衣是老伴手工缝制的。先生烟瘾很大，我同先生相识二十余年，这期间他只抽过两种牌子的香烟，邙山雪茄和玉蝶牌香烟。这两种烟都很便宜，邙山雪茄四角钱一包，玉蝶牌香烟六角一包。这两种廉价香烟，连工薪阶层的人都很少抽，可文达先生作为山西省博物馆馆长、我国著名的书法家，抽了一辈子。在他遗体告别仪式上，他枕头旁依然摆着一包蓝白相间的玉蝶牌香烟。

　　文达先生去世整整一年了，作为一个跟随他多年的学生，我为自己有这样一位勤奋、钻研、俭朴的老师感到庆幸，更为他在艺术上卓然有成就感到自豪。

（原载于2001年5月23日《太原日报》）

怀念我的恩师徐文达

崔 华

在运城市委大楼对面，有一个小游园，这里鸟语花香、绿树成荫，是市民们休憩锻炼的好去处。其实这个小游园原先是运城行署办公大楼（南楼），2000年运城撤地设市后，政府将这里规划为城市小游园，行署南楼随即拆除，恢复为绿地。每当我路过这里，都忍不住深深一瞥，往事顿时涌上心头。这里记载着我的青春岁月，记载着我与恩师徐文达伯伯之间的许多往事……

1975年春，我初中毕业，从家乡到运城读高中，当时父亲在行署文化局工作，就住在局办公室斜对面的一间宿舍，我也就暂居在此。记得刚刚住下，就被墙上悬挂着的一幅书法作品深深吸引了，里面好多字不认识，只觉得龙飞凤舞、遒劲有力，不由得盯着书写内容用手指在墙上比画起来。后来，父亲告诉我，这是徐文达伯伯书写的唐代诗人李白的《梁甫吟》诗句。当时徐文达伯伯担任行署文化局副局长，就在局大办公室里办公。有一天放学回来，无意间看见徐文达伯伯正站在办公桌前挥笔书写，于是我轻轻地凑上去观看。徐文达伯伯很专注，过了会儿才发现我，惊讶地问我是谁家的孩子，多大了，上几年级，喜欢什么等等。看到徐文达伯伯和蔼可亲的样子，我原先紧张的心情松弛了下来，一一回答。当他得知我在学校写过仿时，就递过毛笔，让我写几个字。

我写了"亦工亦农"几个楷书字。徐文达伯伯点点头说："还不错，是块料！"并勉励我要好好学习，说练书法要有持之以恒的精神，一定要坚持下去。第一次和徐文达伯伯见面，给我留下了难忘的印象，也在我的心灵深处埋下了学习书法的种子。

1980年9月，我考入山西省艺校，虽然学习的是音乐专业，但仍没有丢下书法练习。那个时候，徐文达伯伯早已调回太原，担任山西省博物馆馆长。徐文达伯伯知道我几年来一直利用业余时间坚持练习书法，很是高兴。他对我说：学书法要下苦功夫临摹历代名帖，要循序渐进，功到自然成，没什么捷径可走，投机取巧要不得。每到周末，我都要到徐文达伯伯家里拜访，或请他批改自己近期的习作，或在他书写时帮忙拉纸，或聆听他和来访者关于书法理论的谈话。徐文达伯伯开始给我讲的是书法的一些基本技法，再到后来就讲得多了——有关结构、安排、布局、疏密、章法等的技巧。除此之外，还讲一些文、史、哲以及音乐、绘画等书法之外的艺术门类的相关知识，这让我感受到徐文达伯伯学问的博大精深。在不知不觉中，我对书法的理解不断深入，从学习书法的技巧及理论中，逐渐体会到了做人的道理。

1983年7月，我从省艺校毕业，回到了运城工作。此后每次去太原出差，我都到徐文达伯伯家当面讨教。徐文达伯伯每次来运城，我都陪伴左右。记得有一次，徐文达伯伯来运城参加一个书法研讨会，笔会期间，前来拜访求字的各界人士络绎不绝。徐文达伯伯兴之所至，挥毫泼墨，如行云流水，或雄浑或俊秀，一挥而就。我站在桌子对面帮他拉纸，紧跟着他的书写节奏，纸拉得恰到好处，我也乐此不疲。

徐文达伯伯是全国公认的傅山书法艺术大家，他潜心研习傅山书法几十年。他非常赞同傅山"宁拙毋巧，宁丑勿媚，宁支离勿轻滑，宁真率勿安排"的观点，他觉得这与其说是书法艺术的论点，毋宁说是为人处事的道理。徐文达伯伯是工农出身的知识分子，他始终秉持艺术为人民大众服务的理念，追求艺术作品"雅俗共赏"。他涉猎广泛，除书法外，在诗词、绘画、治印、刻石、制砚、音乐、文艺理论等诸多领域都有精品神品呈献，这也是他服务大众、雅俗共赏理念的生动体现。

徐文达伯伯为人率直、风趣幽默。他笔名岩樵，字敬山，别号泥翁。"敬山""泥翁"，我还能理解，对"岩樵"的寓意我不很清楚。一次，我就好奇地问："徐伯伯，您笔名用'岩樵'这两个字是什么寓意？""岩樵，就是山岩上的一根柴火棍儿。"一句解释逗乐了我。

1998年春，我专程去太原看望徐文达伯伯，他虽年事已高，但每天仍伏案书写，笔耕不辍。好久未见，徐文达伯伯很是兴奋，和我谈天说地，谈书法、谈诗词、谈人生，一直聊到深夜，临别时还为我挥毫书写了《黄河大合唱》中的节选章节，送我留存。不想，这次见面竟成师生永别。

在徐文达伯伯的生活照中，我的好友为徐文达伯伯拍摄的那张身着蓝色中山装、手夹雪茄烟的照片，是拍得徐文达伯伯最传神的一张照片。徐文达伯伯逝世二十年了，但他老人家的音容笑貌时常浮现在我的眼前，他的谆谆教诲也常常萦绕在我的耳畔，激励我前行。

徐文达伯伯的眼睛永远是明亮的，徐文达伯伯的笑容永远是灿烂的，徐文达伯伯的心灵永远是率真的，徐伯伯永远活在我的心中。

（写于2020年6月18日）

写于恩师辞世十年之际

牛小平

草枯草荣,燕去还回,转眼间,老师已辞世十年。但他的教导和他对艺术孜孜追求的精神却时时激励着我。他耿介、率真,对人无论富贵贫贱都一视同仁,他不失为众弟子的楷模。陶渊明在《五柳先生传》中所引用的黔娄妻之言"不戚戚于贫贱,不汲汲于富贵",应该也是恩师一生的人格写照。

我于1986年初受教于恩师门下,当时还只是个不会捉笔的小丫头,对书法知识的了解更无从说起,是恩师从捉笔开始用不到三年的时间教我进入了行草的学习阶段。学习书法这是一个比较快的进度了。让我记忆犹新的是,在楷书学习阶段,捺画一直书写不过关。是恩师的鼓励给了我莫大的信念,坚定了我学下去的决心。恩师说:"捺画是学习楷书最难掌握的笔画,有的人七八年也写不过关。"还有就是我间架结构掌握不好。老师用印材刻了九宫格,再把九宫格印在毛边纸上,同时把字帖也打上九宫格(当时不像现在,可以买到现成九宫格或米字格的练习纸)。我在恩师家待的时间比较长,得以经常目睹恩师进行书法创作,当然更是得益于恩师的时时指点,才能在这么短的时间基本掌握了楷书运笔、行笔以及间架结构的要领。这是我的幸运,我会铭记一生。

由于恩师在书法、治印以及澄泥砚制作上有着深厚造诣,上门拜访的、求教的、求字的、求印的颇多。这些人中有高干,有工人,有农民,有学者,也有小学生。难能可贵的是,老师从来秉承来者是客的思想,对所有人采取一视同仁的态度。这让我永远不能忘怀。对年轻的求教者老师更是格外认真,不仅指出不足还要亲自示范。当看到年轻人有好的作品时,他便欣喜万分,更要不吝褒奖。他常要求我们多读帖、认真临帖,要从历代碑帖中汲取精华,要摒弃浮华——写字如做人,一定要踏实。

成功的花儿是用汗水浇灌的,没有随随便便的成功,在恩师那里,我看到的是日复一日的辛勤耕耘。由于来访者众多,有时一天都不间断,白天的创作时间很少,所以老师不得不在晚上搞创作。老师说:"毛泽东的《沁园春·雪》,我写了几十年,每次都有不同的感受,每次都在提高。任何一幅作品的成功都需要一生来完成。"在治印方面也是如此。恩师经常刻了磨,磨了再刻,常常是几个日夜忙碌于方寸之间,直到满意为止。恩师晚年更是潜心于澄泥砚的制作和研究,从选料到烧制无不亲力亲为,为了选取好的砚材,不惜以古稀之年于山涧河滩之中奔波。

恩师治学的严谨,为人的坦荡、率真,于金钱名利的淡泊,无时无刻不在鞭策我、激励我。他无愧为众弟子的楷模。

我的恩师——徐文达爷爷

郭志宏

每当我提笔练字时,便会想起仙逝不久的恩师——徐文达爷爷。

从小我十分喜爱书法,自然也就非常敬仰这位著名书法家。小学四年级的一个周末,爸爸要去徐爷爷家,我要求爸爸带我也去看看他的艺术作品。路上我想,人家一个大书法家,会理我这个小孩吗?到了徐爷爷家门口,我看到门上的对联:秋后的蚂蚱还有一跳,日落的老牛再耕三遭。门铃响后,门开了,一位清癯慈祥的老人笑盈盈地出现在门旁,面前这位老人便是我仰慕已久的徐文达爷爷。当他得知我的来意时,亲切地拉着我的手,走进他的书屋——文房四宝尽收眼底,真可谓是"一生清风明月,四壁名砚法书"。这时我进一步地了解到,徐爷爷不仅是位艺术家,而且还是位发明家,他研制的澄泥砚曾获得国家发明专利。他给我讲了一些书画的知识,还赠送我《徐氏澄泥砚》,并鼓励我好好学习书法。

小学毕业后,徐爷爷正式收我为他的弟子,他首先教我做人。他说:"学书先做人,做不好人呢,何谈学习,就是写得一手好字,那又有何用处呢?历史上的秦桧字写得不错,也不见得没才华——鬼才、怪才、逆才同样是才,但只有才华与道义统一,才为人们所尊重,历史才会给他们留有地位,比如岳飞。"我开始写草书的时候,徐爷爷从执笔、用锋及如何表现点线的变化讲起，直讲到写字三原则（章法、笔法、布局）。当讲到字的力度时，我不大理解，他又用了面条和钢筋棍、枣树枝和柳树的对比帮助我理解。他让我勤学多悟，在沙盘里练字，用力大了也不用担心会扯破纸，他说扫地、扫雪时都可以练字。他还说："书法艺术家要有完整性，个性要在共性中出现，没有个性不行，但只强调个性，那就会出现单薄或某种偏颇，甚至怪诞，脱离共性的个性不行，不算高雅之作。"

有一次，我和家人去文庙，正巧遇上了徐爷爷，有一个古玩商想让徐爷爷题字，并说愿以店中的古玩交换。徐爷爷说了句"手和手能换吗？"便辞别了那个商人。由此我想到：徐爷爷为了教我草书书写笔画的来龙去脉，不惜浪费很多宝贵的时间和大量的纸墨——有时他写，让我看；有时为了让我了解各种纸张书写的效果，还把珍藏多年的上好宣纸拿来做演示，两厢比较，我更感动了。

现在我深切地怀念着曾经精心培育过我的恩师，假若没有他毫不保留的传授，那就不会有我今天的成绩。如今他已经仙逝，但其音容却牢牢地铭刻在我的脑海里，他精湛的技艺和高尚的品质将永远激励着我在书法艺术的道路上不断探索。

常把艰辛当乐为
——访著名书法家徐文达

黄京生

常把艰辛当乐为，是徐文达先生的座右铭，也是他对书法艺术孜孜以求、不断探索的写照。1996年11月下旬，他在中国美术馆举办了个人书法展览，笔者近日采访了他。

在四壁书画、满案笔砚的书房里，徐文达正伏案刻印，我的采访也未能打断他的创作——他一边刻印一边回答我的提问。

说起进京举办展览，徐老说："这几年，中青年书法家求新求变的意识比较强烈；但如何创新，存在着不同的看法。我认为，书法只能在继承传统上创新，脱离传统搞创新只能是哗众取宠、昙花一现。这个观点是否正确，只能让自己的书法作品回答，这就是进京办展览的初衷吧！"

古稀之年的徐文达先生是第一次进京举办个人展览，他的作品受到了观众和书法界的热情赞扬。展览期间，《中国书法》杂志社、中国书协联合举办了"徐文达书法艺术研讨会"，书法评论家认为他的书法雄浑厚重、错落跌宕，达到了人书俱老的境界；尤其是他的草书，寓精微于粗放，既有傅山狂放草书的艺术本质，又在点画方面做得非常精微，是当代草书的精品。

说到书法，徐老说："书法是一门综合艺术，要博而专，不能单打一，只练一家。孙过庭《书谱》云，'虽专工小劣，而博涉多优'。我从事书法五十多年，就是按这个路子走过来的，小葱豆腐、油盐酱醋，什么也搞。什么也搞，当然要多付劳动，为此我写了一个条幅'常把艰辛当为乐'自勉。艺术本身就是一个艰辛的劳动嘛！"

徐老是河北完县人，他是凭苦学不辍，临写历代碑帖步入书法殿堂的。他青年时学过颜、柳、欧、赵的楷书，20世纪50年代后，又对傅山书法和秦汉印玺下过数十年工夫。在书法上，他真草隶篆各体兼能，诗书画印均有很高造诣；同时，他对文学、戏剧、音乐、诗歌也有较高修养；他还废寝忘食，将中国四大名砚之一的澄泥砚制作技术恢复起来，并获得了国家专利。在京展览时，他制作的澄泥砚和新著《徐氏澄泥砚》，受到了专家的一致好评。中国书协秘书长谢云说："徐老进入古稀之年，有这么多成果展示，而且书法的各个方面都能提供出多种作品，正因为他有诗书画印和其他方面的修养。他的展览，给观众带来一个审美的思考：今后的书法发展，应提倡综合修养、多方面的造诣来丰富书法的内容。"

这段话，是对徐老书法的中肯评价！

（写于1997年）

我欠他一个道歉
——访中国书法家协会顾问谢云

蒋　殊

见到徐文达的女儿徐晓梅，谢云一脸愧意："当时那个展览，应该由中国书法家协会主办，但我没有答应，让与展览部的张媛（音）同志商量。后来看到作品，知道我错了，不应该不答应啊。"

谢云说的，就是1996年徐文达在北京中国美术馆举办个人书法展的事。时任中国书协秘书长、党组副书记（主持工作）的他有一天接待了几位山西来访者，来人找他商量，希望由中国书法家协会主办徐文达展览的事。谢云听后，让他们去找展览部，按当时的规定，各省的展览由中国书协展览部负责。

"其实是我当时了解不够，没有看他的作品，所以没有认真考虑。"谢云对此事深感内疚，"后来我一看展览才发现，老先生字好啊，但错了也不能重来了，只好如此了。"

谢云说，自那次展览后才知道，徐文达无论是作品还是德性，在山西，甚至在全国书法界都享有盛誉，之前实在是了解不够。

那一年，谢云六十七岁，他说本来这个年龄不应该再担任书协职务了，但当时情况特殊，"事情过去我也退了，今年九十岁了"。

二十多年过去了，九十岁的老人家心头始终放不下这件事，因此一见面,他便亲切地拉过徐晓梅的手,翻来覆去解释这件事:"你们也很老实,当时就按我的话找展览部了。"

"徐先生书法的风格、功力、影响都很好,应该说是我们中国一个很有成就的书法家,希望老先生在天之灵,接受我向他的道歉!"

尽管当时谢云没有同意直接由中国书协出面主办那次展览,但开幕式时他还是到了现场,并且全程认真看了作品。"我看了,所以才有这么一个感受,后悔了,不应该由展览部主办,应该由书法家协会办。"谢云说。

此后,谢云高度关注徐文达,并给予极高的评价,认为他人缘好、人品好、作品好,书法教育也搞得好。他说,今天的山西达到如徐文达书法修养、成就与影响的人,极少。

谢云很了解山西,他觉得山西是文化大省,也是书法大省,在历史上一直是有影响的。徐文达这样优秀的书法家,就是山西有影响的文化代表。今天,他觉得山西书法界应该重视起徐文达的作品来,把它们保存好,比如说可以收藏在山西省博物院,存入历史。

"新中国第一代书法家修养很高,我们算是第二代了。第一代是从民国过来的,书法高度可都要比我们第二代人高,包括徐文达。或许是解放后要做的事太多吧,大家不能把太多时间和精力用在书法上,都在找新的方向、新的项目。徐文达是第一代的,所以希望山西能够重视起来,最好建一个书画馆。"谢云觉得,山西的书画馆如果做起来,作品数量要比许多省高得多,毕竟山西厚重的历史文化在那里,而且一批批传承了下来。

从徐文达的草书开始,谢云说到傅山,他说傅山的书法有灵气,比较活,好多人包括他自己,可能学到的只是形式,现在的人能写到傅山水准的还没有。

今天的书法家,一样需要从这片土地上吸取博大的文化精华,比如说云冈石窟,就是一座书法艺术宝库,那些散布在洞窟深处的造像题记,与大同其他平城时期的碑刻一道,汇成了魏碑的发源地。

谢云觉得,中国没有第二个山西,这也应该是山西书法家的幸运。

"山西是宝地,你父亲是一个大家,当代书法家的代表,一定要把他的作品收藏好,传承好。"谢云一次次叮嘱徐晓梅。他觉得,这不仅是对前辈的尊重,也是对后人的负责。

(写于2019年)

我对他最了解
——访山西省书法家协会名誉主席林鹏

蒋 殊

"我对他最了解了。你们想听简单的，还是详细的？"提到徐文达，林鹏这样幽默而神秘地铺开话题，"详细的？那可多了。"

"他是博物馆名誉馆长，山西省政协常委，一个有地位的人，比我强啊。"林鹏玩笑着开了头，"卢沟桥事变爆发，我才十岁，使不上劲儿啊。他十五岁了，可以做贡献了，因此他出生的年代都好过我。"

徐文达是河北完县人，林鹏是易县人。林鹏说他们两家是河南与河北的关系，他们两家中间隔着当年赵国与燕国的界河。

"徐文达1954年就分配到山西工作，比我早。曾是河北保定地委宣传部文工团团长，胡琴也拉得好。解放后，他又到北京学习电影技术，之后调至山西省电影发行公司任经理，培养了不少电影人。"果然，林鹏对徐文达可谓知根知底，"当年电影发行公司的书记是我邻居，姓陈，经常给我讲徐文达的故事。"

说到这儿，他就笑："徐文达啊，有意思的事多呢，一天尽出洋相。"他说徐文达在电影发行公司工作时，一次约陈书记到云南、贵州、广东、广西、上海等地方考察。他们一路走，一路拍照片。

"电影发行公司，有的是胶卷嘛，带了一提包，照了十六卷。"说到这儿林鹏又乐了，"有一天陈书记不在，徐文达就一卷一卷打开看。哈哈！回来把陈书记气的……"说着，林鹏开始模拟起来。

"你是电影发行公司经理，不懂这个？"

"我想看上面有没有相，就打开了。"

"都打开了？"

"都打开了。"

陈徐二人当年对话的画面，活灵活现跳出来。

"哈哈哈，徐文达还挺有理，他说：'我以为你存了，就打开看了。'"林鹏大笑，"这类事，我能给你们说半宿。"

林鹏先生说，他在书法上崭露头角，完全是徐文达"拉帮"他。

"这句话，要原封不动写下来啊，一定要写是林鹏先生说的啊。"这一句，林鹏叮嘱了好几次，他说他在书法上崭露头角都是徐文达一个人提携的。后来朱焰知道了，郑林也知道了，山西有个林鹏，那是后来的事。

他说，那时候只要有展览，徐文达准找他写作品。"我说，写什么？他说，随便。没纸了？我给你拿。"

林鹏说在中国书法界，山西地位特殊。当年日本人吹，书法故乡从前在中国，现在丢了，到日本了。中国当然不干、不服——开始恢复书法。当然，反对的人也有，比如当时文化部一个副部长就说过，书法算什么艺术？更大的领导就批评他说，艺术增加一个部门，有什么关系？最初，全国只有三个地方成立了书法艺术研究会：第一个是北京，有邓拓；第二是上海，有沈尹默，可谓一呼百应；第三就是山西。"当时山西有个郑林。那小子写得也不错。"林鹏说，山西1962年就搞过一次书法展，后来日本人还吹，1973年又搞了一次，还特意展到了东京。"沈尹默、沙孟海、白蕉、潘伯鹰、王涛、李苦禅，这些老艺术家字好得很，一下就把日本人嘴堵上了。"

1981年，中国书协成立后，全国陆续铺开。山西省书法家协会也于当年11月成立，山西省委书记处书记兼副省长郑林是书协主席，徐文达是副主席。林鹏说，有些事情很难免吧，当时因为工作与业务的关系，徐文达与另一位副主席朱焰之间产生过一些矛盾。

林鹏说朱焰的字没基础，没临过帖，徐文达就不一样，是真正临过帖的人，有体势，有古风，根基是"颜柳"。写字的人，临没临过帖，一眼就能看出来。哪怕是临二等的名家，也没问题。"中国历史上，二等三等名家写得好的多的是。"

他说当时还有一个有名的姚奠中，年岁大一些，与郑林学的都是何绍基。"但真正在山西有影响，在20世纪七八十年代坐山西书法第一把交椅的应该是徐文达。"

"现在还能看到郑林的字，比如'迎泽公园'与'迎泽宾馆'。其实，当初'迎泽宾馆'是他写信请董寿平题写，但董看了信后说把信上郑林写的'迎泽宾馆'四个字放大，就是一块好牌子啊。"

竟然，"迎泽宾馆"是这么来的。

"董寿平会写字、画画，他的山水画不错，但缺点也很多。"林鹏说，"董的书法赶不上徐文达，这话你们可以发表，就说林鹏说的。"

林鹏说，他与徐文达关系很好，可以说是无话不谈。"之后，"他话锋一转，"'文革'闹的，闹成两派，见面少了，有了矛盾。"

顿顿，他又认真地说："我们之间如果非写矛盾不可，就这么写：林鹏先生说，他和徐文达之间就有过一次矛盾，就一次，这次矛盾责任完全在林鹏。"

那一刻，九十一岁的林鹏坐在桌前，淡然、坦然，让人敬畏。他说两人的矛盾缘起"文革"。有一天，他见到张颔，发现这位专注治学的人竟然落泪了——因为受到清查，受到文管会造反派严重的攻击和折磨。

"把我气炸了。"他说，当初安排张颔当文管会支部书记时，林鹏还特意给他提到徐文达是他的朋友兼老师，让张颔尊重他。可是，徐文达怎么就没有照顾张颔呢？

"后来在南华门召开的一个会上，书法家们都到了，大几十号人，我就发言，狠狠把徐文达收拾了一顿，觉得替张颔报仇了。"林鹏回忆着。但他没想到，回家说起这事时，遭到老婆孩子的强烈反对："你在书法上有点小名气完全是靠徐文达的提携，你这不是忘恩负义吗？张颔受清查应该自己顶住，你受清查不也没事吗？"

"清查两年我都没生气，我就是挨整的骨头。"林鹏又开始自嘲了，"后来我想了个办法，请徐文达两口子到家里吃饭。告诉他会上那么干完全是我的错，向他道歉。"

说到这里，他又对在场的徐文达女儿徐晓梅说："之前你们家在省委宿舍，走动多。后来住远了，也懒，就去少了，显得远了些，但关系还正常。我这嘴厉害啊，让我逮住就不让。当时会上就有人说我过分了，旁边坐着的人一直给我递烟。不过我这个人就是没理也能搅三分，再说当时也是豁出去了。徐文达不吭气嘛，就挺着，干挨。其实他完全能反驳我啊，说一句'这不是我定的，你不用扣在我头上'就行了嘛，偏偏不说。"

林鹏今天忆起——除了对自己的责备，就是对当年的遗憾。

"林老，您真可爱啊。"他听后愣了一下："可爱啥？有理，能自圆其说，不算功夫。真正的功夫是追求公正。"

林鹏先生，何尝不是一路在坎坷中过来的？"一次次挨整后就找到规律了。学会没理搅三分。以致后来有人很气愤，说这个林鹏，整了几十年也没整出个啥。"说到这里他又乐了，"可我也没上去啊。所以他们也没白整。"

"我就是自由散漫一书生，命中注定三不死，胡说八道老来疯。"

话题转回徐文达。林鹏说徐文达20世纪80年代办过一次书展，在纯阳宫，叫的是"六绝"——真、草、隶、篆书以及根雕与澄泥砚。

"我当时就觉得，这小子太出风头啦。"他又笑，在他看来，根雕算不得一绝，"不过我的老首长、战友来太原，我都专门陪着去看。"

对徐文达重新挖掘澄泥砚，他觉得："那办法不对，我当时说过，他没听。"

林鹏说，澄泥砚的产地是新绛。为什么是新绛？因为汾河从那里拐弯，从东往西进入黄河。在河的拐弯处有个水坑，里面有淤泥。新绛北面有个规模不大的厂子，金刚砂厂。澄泥砚，必须用这种金刚砂与汾河拐弯处水坑里的泥混在一起做才行,并不是哪里的泥都能用。取泥也极讲究,是用竹子编一个球型筐,里面放一块大小合适、两层绸子包裹的石头。将筐放入水中,不能下沉,也不能漂起来。水也不能大,泥是滚着滚着进去的,经过两层绸子过滤后留下的都是细沙泥。这个过程很长,有时候绳子放下去一两年,拉上来看看,没有的话再放下去。最终,用这样过滤后的很细的泥,与很细的金刚砂混在一起,捏成一块砚台。

林鹏说用其他地方泥做的不叫澄泥砚,叫陶砚,徐文达研究的就是陶砚。林鹏说,当时定襄有个滹沱河澄泥砚制造厂,想做澄泥砚。但定襄是滹沱河,大拐弯留不下淤泥,尽管有细泥,但那不对,而且没有金刚砂。因此厂领导当时听林鹏这样说后,就不做了。

"徐文达实际走的是陶砚的路,确实做得好,还送我一方,好用。我后来送给陕西省广电厅厅长胡旭(音)了。把他高兴的。"

说到这里,林鹏像自己当初得到砚台那般开心:"徐文达书法写得很好,有功力。还有图章,他学得比我早,以前比我好。但我现在比他好,我是晚年才有进步的。"

"徐文达对女儿徐晓梅很重视,很早就拿上字让我看,还骄傲地说:有人说,超过了我。"林鹏记得清楚,"晓梅字漂亮,美,但父亲的更有古风。"

聊着聊着,说到衰年变法。他说六十到七十岁是一道坎,不管是精力、财力还是人,都是一个抛物线,达到高度就要往下落。衰年变法就是要积攒你的力量,让高度尽可能高。当高到开始往下走的时候,尽量让平平地滑。他觉得六十到七十岁之间,坎不坎不说,又是一个出成绩的时段。

"如果不变法就是个俗人。"林鹏说,"徐文达晚年写的字稍有些硬,但有衰年变法,他懂。"

(写于2019年)

怀念他的时候，我们需要一点激情
——访《中国书法》杂志主编朱培尔

蒋 殊

见到朱培尔时，他说不久前在北京刚刚跟丁山先生谈到山西书家，"在去世的书家中，印象最深的就是徐文达老先生"。

他说他们初次见面，是在徐文达于1996年在北京举办的个人书法展上。

"那时候我还很年轻，刚去北京时间不长，听到徐先生要办展览就专门去拜访。从筹备到开幕，再到之后的研讨会，我都参加了。徐老在《中国书法》的专题也是我亲手做的。"朱培尔从对徐文达的印象说到山西书法，"说实话，山西书法这几年在全国书坛很有影响力，我主持编辑的《中国书法》近年来每期会推出一位名家，对当代在世大家的推送到现在为止一共才推了三十位左右，山西就有姚奠中、林鹏、陈巨锁等十位。"

"如果徐老还活着，他是当仁不让的大家，我肯定会第一时间考虑他。"朱培尔说得很干脆，"一方面他当年的展览给我留下不可磨灭的印象，另外主要还是因为他的艺术成就。徐老的艺术不是那种局限一个地域的艺术，从他的书法中我们能看到山西书家，尤其是傅山的痕迹，但实际上他的作品中还能看到很多其他的风格和类型。以他的草书为例，能看到米芾与董其昌。傅山的那种飞动与变化，更多已融入他的心灵深处，而不是单纯把傅山的笔法或者结构表现出来。"朱培尔说，傅山带给徐文达的实际上是一种综合之后融会贯通的体系。他觉得徐文达如果能多活十年，艺术会有一个更大的突破，甚至飞跃——在1996年北京个展的作品中，已经呈现出一个雏形，那是徐文达的一种面貌——统一在一种整体风格当中，一个整体创作理念当中。尤其是他的草书，到了不假思索书写的程度，有那种一气呵成、出神入化的感觉。

也因此，朱培尔对徐文达的早逝无比惋惜。"但即便是这样，他晚年的草书对当代中国书法界也是有启发意义的。"他说尽管这几年中国书协以及各地书坛不断有草书展，也培养了很多年轻的草书名家，但从作品的文化角度看，从创作的感受角度看，尤其是从心灵抒发的角度看，徐文达的那种书写的自由、提按顿挫的变化，是今天的年轻人不具备的。

对于徐文达，朱培尔觉得太缺少宣传。他说山西的宣传本就不多，更缺少在全国的宣传。如果再不宣传，说不定会被淹没，因为现在的信息太发达了。"所以开编辑会的时候，我还专门提出来，除了要把关注点放在依然活跃在书坛的老书家身上，还应该关注到20世纪早期和中期的著名书家，比如齐白石、黄宾虹、李叔同等离我们遥远了的艺术大家；关注活跃于20世纪80年代到90年代省及地市一级的著名书家，他们虽然赶上了一个好时候，但并不是最好的时候。毕竟现在的艺术环境、土壤、市场及生活条件都比之前好太多。"

朱培尔觉得，那代人有阅历，纯粹，别说现在的年轻人，即便中年人也无法与之相比。尽管没有听过徐文达的讲座，但朱培尔知道他做过教师，是文化系统中的管理者，山西省博物馆馆长、山西省书协副主席，人生经历非常丰富，文化积淀就在那里。1996年在北京举办个展后，徐文达将亲手做的一个小澄泥砚纪念品送给朱培尔，此砚至今放在他的案头。

朱培尔说，徐文达的每一件作品，包括砚台，都含着一种激情，传递着一种艺术家所不常见的那种瞬间的感受，非常难能可贵。他和现代那些学者型书家不一样，也和那个年龄段的书家不一样，他强调创作的激情，强调书写过程中瞬间力量的迸发；即便放在今天年轻书法家中，他的思想都是有代表性的。朱培尔虽然与徐文达接触不多，但在山西见过面也吃过饭，加上北京个展期间的接触，印象不可磨灭。他从很多文章中了解到徐文达对年轻人的提携，很是敬佩。当年他刚到北京时三十岁出头，但徐文达对他的热情以及创作上的指点，他都清楚地记得。"那时候我的刻印风格他都能记得住，说明他始终对新事物有关注——那就是对年轻人的关注。"

这一点，朱培尔觉得也是当代书坛必须弘扬的。今天的书法组织、书法报刊，应该关注什么，怎样用好手中的平台，很重要。

在朱培尔眼里，徐文达艺术很全面。他的经历、阅历决定了他与众不同的气质。朱培尔说，比如一提起王羲之，我们想到的并不是单纯一个《兰亭序》，不是一个"惠风和畅"，而是想到了对人生的感叹，对人生的透彻解读，想到了一种艺术家的情怀。因此，在读徐文达晚年的作品时，朱培尔说他能体味出一种精神、一种开阔——徐文达会写文章、懂理论，又会诗词，学问、修养及经历都融会贯通在作品中。

"他的草书当时在全国绝对一流，即便放到现在，狂草也没有出现比徐老、黄巢写得更好的。他的狂草不是一种简单的狂态与章法，而是接近于中国传统狂草那种状态。我眼里的中国传统狂草就是《怀素自叙帖》那样的夸张。这种对狂态的把握，徐老做得最好。"这是朱培尔对徐文达在国内书法界地位的评价。

说到学术型书法家，朱培尔说《中国书法》在介绍书家的时候，会用很大的热情去介绍一批有学术专长的书家。从艺术的角度来说，学术专长可以让书法更充实，更有内涵，也更有文化价值，但这还不能完全代替书法。山西有很多他佩服的老书家，像刚刚去世的姚奠中、张颔，以及林鹏、陈巨锁等。在已故的书家中，他印象最深的还是徐文达，就因为他作品中蕴含的那种文化，且他又并非是用文化的角度去阐释书法。在朱培尔的眼里，徐文达与其他学者型书家不一样的地方，是他通过对技巧的历练慢慢达到与心灵对话的境界，作品中有怀素的感觉，还有傅山的气势，以及董其昌、赵孟頫、柳公权，甚至米芾、苏东坡等书家的味道，说明他在传统方面下了大功夫，接近本真。

"有一句话说，见字如见人。书法里边就蕴含着人品、人格与精神。"朱培尔说，徐文达说话语速快，做事快，书写也快，这就是他性格的体现。"从他的作品中能感觉到一种乐观、一种爽朗、一种迅捷和速度。"

朱培尔认为，一个人的历练与积累到了一定程度时，会像火山一样喷发出来，但需要一个诱导与催化。1996年中国美术馆的展览，对徐文达就是一个催化，因为要展览，他才写下那么多的作品，尤其是那些大作品。

"所以我们在怀念徐老的时候，也需要有一点激情。"朱培尔说这话时，也满含激情。

（写于2019年）

徐文达是山西地域书风的代表者
——访《中国书法》杂志原主编刘正成

蒋 殊

刘正成指着书架上一个精巧的砚台说,那是徐文达早年亲手做的澄泥砚,他非常喜欢,一直珍存至今。

"先生是我的忘年交,认识他是20世纪80年代我到中国书法家协会主编《中国书法》杂志之后。"对于徐文达,刘正成印象极深,"他是山西书协主要的领导人,而且是山西书法的推动者,也是山西书协成立的奠基人。"

1996年,刘正成在家里迎接了徐文达。那一年,中国书协展览部预备给一位书法家做展览,选定了山西名家徐文达,《中国书法》同时要做一个专题介绍。刘正成说,那时候国内书法杂志很少,做一个专题会产生很大影响。

在北京中国美术馆办个展,山西书法家里面徐文达是第二个。刘正成记得专门赴京看展览的人很多,展览很轰动,各方的评价也非常高。"那时候,山西书法家在国内是有影响的,前面有姚奠中、张颔、徐文达、林鹏,中青年书法家有陈巨锁,后面还有田树苌。"刘正成一一数来。他说山西书法对外宣传历来比较低调,但在不多的宣传中间,徐文达先生就是非常突出的一个。"因此二十年后的今天给徐先生办一个作品回顾展，非常重要，也非常有必要。"刘正成认为，展览不仅是对山西书法的一个推动，对历史的一个记录，对中国当代书法发展也会起一个良好的引导作用。

说到对徐文达的评价，刘正成娓娓道来：

首先，他是一个地域的代表性书法家之一。他的代表性在于他的知识结构和艺术储备，他是书法家的榜样。他们那一代书法家与古代书法家一样，都是慢慢历练出来的。不像现在的书法家，只追求各种参赛、入展，加入书协会员；因为这已成为衡量书法家的唯一标准。客观地说，他们的作品只能看视觉形态，因为大多数人是抄录唐诗宋词，不像徐文达先生，诗词歌赋都在行。徐文达先生还做过山西省博物馆馆长，有着广阔的艺术与学术视野。这也是当代书法家最需要学习的。打个比方，一个培训班下来，几十天，养成的好比肉鸡。徐先生呢？他是那种自然生长一两年后成熟的生态鸡。一比较，味道自然就不一样，营养价值也不一样。徐文达先生写的字，反映的是他的人生，一看就很独特，一看就是他的字。现在大多数人不管是临王羲之还是《千字文》，都是一种形式模仿，而徐文达先生与古代书法家是完全衔接的。在山西，傅山的影响很大，他作品中蕴含着对国家与民族的担当精神以及激情。徐文达先生的作品，包括篆刻，就是这样的，有些非常精彩，是人生经历的展示。

其次，他强调继承传统，更鼓励创新。他是一个思想开放的人，因此其书法也一直在"改革创新"，但在"改革创新"时却能保持一种冷静客观的态度。因此说，他一方面鼓励创新、继承传统；另一方面对于传统中不好的，他又能批评、摒弃，这在老书法家中是很难得的。一般人会"各人自扫门前雪，莫管他人瓦上霜"，他却经常发表自己的看法，其中不无他自己的宝贵创作经验。在全面进入网络时代的今天，老书法家似乎都失去了话语权，沉默了。因此，他这种敢对书法持批评态度的人就是典范。今天纪念徐文达，把他的作品再次推出来，就是因为他的书法思想值得借鉴与宣传，对当代书坛有促进作用。另外，现在很多杂志刊发的大多是一些表扬文章，很少就创作者的书法思想发表看法，因此整理、编撰徐文达先生的文集或者书法重要语录就很有必要。

第三，老有所为。现在的书法是年轻人的天下，六十岁以上的人基本不出现了，全国展投稿也都是年轻人。但徐先生不同，他在山西书协做组织工作时已经快到退休年龄，但依然热情、积极，为山西书法发展做了杰出的贡献。这也是老一代书法家为今人做出的榜样。今天的老一代书家也应该向徐先生一样，尽自己的力量在书法教育，特别是组织及书法评定方面发挥自己的作用。王羲之说过，暮年乃妙。现在人们觉得，老一代书法家搞个书法展似乎是安慰展，殊不知改革开放以前出名的都是老书法家。现在倒过来了，任年轻书法家标新立异。因此说，如何引领时代是书法界需要注意的问题。

刘正成觉得，要让人们了解徐文达，一定要回到山西书协成立前后，把他在这期间如何发动，如何工作，以及书法活动中的成就、成果，尤其是热心公益活动的事迹一一呈现出来，这才是对一个有责任、有担当书法家艺术生涯的完整展示。

"苏东坡说过：古人论书，兼论其人生平，苟非其人，虽工不贵。人有德行，有担当精神，乐于服务，人就有价值，其书法就增值；否则你只是工匠，就是技术型的。"刘正成说，"山西不管是徐文达先生，还是张颔、姚奠中先生，都确实该引起我们的思考，值得我们学习。"

徐文达是山西地域书风的代表者。刘正成说这一点毋庸置疑。徐文达是山西书法界的领头羊，个性很强。现在的人都写二王，而徐文达是从原先的董其昌到最后引入傅山，他的发展历程是一路追溯这些优秀书法家足迹过来的。现在资讯发达，书法风格都是你中有我、我中有你，全国一个展览几百个人，根本分不清哪个书法家是哪个地方的人。徐文达不同，他的书法一看就是他的，而且是来自山西的，这就是他书法艺术的现实意义。

"他的篆刻我也很喜欢，受到齐白石刻印的影响，单刀，很爽快。"刘正成最后说，"他心静，专一。"

说到今天的书法家，刘正成觉得因为如今的社会诱惑多，重利，是对艺术最大的影响。金钱可以让艺术家把艺术搞好，也可以把艺术家引向歧路；而一个时代相对清贫，是会产生好书法家的。

"二十多年过去了，我们还要纪念他，就是因为他的人和艺术有着共同的品质，值得我们学习。"这样的声音，流淌在徐文达离世二十年后秋日温暖的阳光里。

（写于2019年）

写傅山，不是傅山，是徐文达
——访著名书法篆刻家邓明阁

蒋 殊

1934年出生的邓明阁，其房间整洁干净，满屋都是"印"迹。

年轻时便爱好书法、篆刻的邓明阁，有一天偶然在《山西日报》看到一幅篆刻作品，内容是"横眉冷对千夫指，俯首甘为孺子牛"。第一眼，他便被这幅作品吸引住了，当时便想，如果能亲自接触一下作者，就好了。

同省，同城，缘分总在该来的时候到来。邓明阁第一次接触徐文达，是在山西省首届书法篆刻展筹备时期，地点是在上马街的文庙。他记得，时间大约是1960年吧，当年他刚刚二十六岁。

他记得当时筹备小组秘书长是刘永德，已经七十多岁；记不清徐文达当时是组长还是副组长，但具体负责书法篆刻展的筹备工作。

时年近四十岁的徐文达和和气气、文文雅雅、清清瘦瘦。因为话语不多，因此邓明阁忘记了当时他对自己说了什么；但记得很清楚的是，看到作品后徐文达问他是哪里人。听清名字后，又重复了一遍："邓明阁，不错嘛。"

"不错"二字，包含对人与字的评价。

参加那次展览前，邓明阁已经是一名崭露头角的治印新秀，当时有专业人员评价他的篆刻"刚健奔放"。

"初次见面,感觉不小看咱,有缘。"偶像没有架子,邓明阁便常常往他家里去——就在徐文达工作的省电影公司附近。赶上饭点,徐文达一家就留他一起吃饭,他印象最深的是吃饺子——那个年代,一顿饺子尤其香。家中的徐文达更是谦和、随意,穿衣服很不讲究,一般是一身四个兜的灰色中山装——当时叫干部装,兜里总是满满的:一盒"黑棒烟",一个小本子,再插一支笔。

"孩子多,穷打扮,不讲究。"邓明阁这样评价,"即便是参加笔会,也常常是一张烂纸包住纸笔就去了。"

邓明阁清楚地记得,一次徐文达要参加全国书法展的作品竟然不装裱。邓明阁提醒他时,他还发火:"裱那干吗?东西好就行。"

那时候,两人特别能聊天。越来越熟悉后,邓明阁说他在徐文达面前也"没大没小的"。而聊天的内容,无非就是怎样写好字、刻好字。常常,从字聊到人。徐文达非常喜欢有才的人,也善于发现人才。邓明阁清楚记得,有一天聊天时他突然说:"发现个好把式,在市委组织部工作,少年宫还带课,叫袁旭临。"

徐文达嘴里的"好把式",指的是善书者。那时候,袁旭临、贾起家都是他欣赏的人。

邓明阁说,早在1964年,徐文达就参加了在日本的一次展览,同期的国内书界大家有何香凝、郭沫若等,徐文达参展的是篆刻作品。

自结识徐文达后,邓明阁就常常得到指点,连他参加山西省第一届书法篆刻展时的篆刻作品《兵民是胜利之本》都是在徐文达的指导下刻的。这是一件特别的作品,近十五公分,是当时山西书法、篆刻界的第一枚大图章,刻在石膏板上。徐文达那次展出的作品是篆刻《禹门》。

这之后,邓明阁的篆刻常常是在徐文达的指点下完成。比如他的有关晋祠、五台山等山西名胜的篆刻作品,就是在徐文达的建议下完成的。

邓明阁说徐文达人和气、人性好,但在学术上却非常较真、严肃。他给作品提建议,特别直接。比如看有人写字不规范,就说:"小儿麻痹呀？！完完整整一个人，为啥要把腿打折？好好地走路不行？"不管是谁，如果写得不好，马上就否定。

邓明阁擅长手工，家里的柜子、印章盒子等都是他自己动手做的。这一点，与徐文达非常相似。徐文达心灵手巧，也常常在家里鼓捣一些手工艺品，家里的沙发都是自己做的。邓明阁有一套治印工具，其中有一把小斧子，他说那精巧的斧柄就是徐文达做的。当时，邓明阁买了一个小斧头，回家自己配了一个竹质手柄。当他兴致勃勃带着这套工具去给徐文达看时，徐文达马上说："这不行啊，配不了套。"说完转身找出一块红木锯下一截，一边与邓明阁聊天一边做，做成之后又精心打磨。

精致的红木手柄，配了精巧的斧头。徐文达拿在手中左看右看，非常开心。

"他的篆刻武器没我的好，心里很羡慕我这一套呢，还有我自己做的工具包。"当时的情境，甚至徐文达的表情，邓明阁都记忆犹新。

邓明阁说，徐文达不仅爱写字爱篆刻，还爱唱戏爱乐器。说到这里他起身，一边比画拉琴一边说："拉琴时胳膊与手时急时缓、时前时后，这样出来的韵律很优美。我觉得他把这一技法也运用到写字上了。不信你们看他的字，那曲折里就有拉琴的痕迹。"

那时候，山西书法圈有好多人爱好戏曲。邓明阁说有时候徐文达拉京胡，袁旭临唱京剧。尽管没有戏曲专业人士的唱功与嗓门，但开会间隙自娱自乐一阵，也非常有味。

说到性格，邓明阁说徐文达是一个极其严肃的人，也很单纯，就是一门心思想把山西书法抓好。

"他不是政治家，不会耍滑头。"邓明阁这样说，"他是一个很善良的老头，很有原则，也很固执，尤其在艺术上。"邓明阁坦率地说他就是"徐文达派"。但两人也只是共同爱好多、观点一致，能聊到一起而已，因为"他也没专门帮过谁"。

徐文达书法宗法傅山，邓明阁觉得多半缘于两人性格上的相似——都很倔强。徐文达的书法，写的就是傅山的架子。

"他打定的主意,认准的事,谁劝也不听,常常是心服口不服。"

在邓明阁眼里,除了草书,徐文达的隶书、魏碑、篆书也都很好。

学谁像谁却不是谁,是艺术的最高境界。"写傅山不是傅山,是徐文达。"邓明阁最后这样评价道。

(写于2019年)

他不是个计较的人
——访著名书法家赵承楷

蒋 殊

"那时候的书法家就是朱焰、徐文达、李之光等人,我们都算晚辈。"说到山西省书协刚成立时的书法家时,1935年出生的赵承楷这样说。

那时候,他在农展馆工作。他说当时到市内叫进城,喜欢书法的他有一次进城想着去找几个书法界的老先生聊天。徐文达,就是他心里惦记了好久想找的其中一个。

见面后聊天中,徐文达向他提到林鹏。为什么提?赵承楷说不记得了,反正是说林鹏字写得好,有才华。"他其实是向我们介绍呢,还问,你们不知道这个人吧?"赵承楷说当时他们确实没有听说过林鹏。

那是山西省书协成立之前,徐文达等几个老家组建了一个书法小组,经常搞一些交流活动。赵承楷说他后来也加入了,但不知道什么原因把林鹏遗漏了,为此徐文达还跟他说过,"得想办法补进来"。

"可不久后两人就有了点矛盾。"赵承楷说。在文联开的一次会议上,他记得是刘江主持,会上林鹏太直了,针对徐文达当时搞的展览说了很多不妥的话,大意是作品中有很多错字。

"想来他是有情绪的吧。个别字不准确有可能,但是不是真有那么多错呢？"赵承楷说，"当时参会的人虽然不多，但事情大。"

当时徐文达就在场，却"自始至终没有争辩，没有说话，感觉就像被批评对象似的"。赵承楷记得清楚："如果换了我，肯定要反驳。"

那次会议，因此开得很不愉快。"现在说起这事，无所谓谁对谁错，其实就是说话方式、方法问题。林鹏是有优点的，反应快、头脑清晰、知识面广，许多人喜欢他；但有时候会说点不妥的话。"

赵承楷觉得林鹏做得不妥，更多的是因为之前徐文达亲口跟他提过林鹏，当时的意思就是"林鹏字写得不比咱们差"。也因此，赵承楷很不能理解林鹏在那一次会上的表现。

"不过有时候吧，一件事，甚至一句话，就能让人产生误解。"赵承楷说。

接着他说了另一件事，也是这个小组，一次在五一广场附近开一个会，陈巨锁也被邀请来了。徐文达当时向大家介绍："陈巨锁是省里写字好的，为人也不错，应该吸收进来。"没想到陈巨锁却误会了，说："徐老，您说得不对，我可不是为了参加活动来的。"

"我认为徐文达的话没错，陈巨锁也没错，是误解了。"赵承楷说，"徐文达是发自内心的。会后我还与陈巨锁说，别误解徐老的意思。"

"还有，很多人觉得朱焰与徐文达不对劲，有矛盾，但我观察两人实际没什么，也没听彼此说过对方什么。有时候，或许是中间一些人把事情放大了，包括我在内。"若干年后，赵承楷冷静地分析着当时的一些是非。

王志刚是徐文达的学生之一，赵承楷多次听他说，徐老爱帮助人。他不管对方是谁，只要喜欢书法，他就一片热情，目的很单纯，就是希望别人获得提升。但有时候，他的表达方式有点过于直接："过来，我给你说，那个字有点问题啊，应该这样写。"

"他就是不圆滑，而且只说缺点。"赵承楷说，"他就是单纯为了人家好，不是打击人。这也是那时候山西书法界的艺术氛围，可惜我们这些年轻人没有认真向前辈学习。"

"徐文达不愿让身边人产生骄傲情绪,但也从来没有觉得我们年轻就该多听他们的,他在我们面前从来没有摆过架子。"这是赵承楷的印象,"那就是老一辈书家的品格,他们是我们的典范。"

他记得,那时候在太原和他经常见面的书法家就是徐文达、朱焰,还有李之光,他说当时姚奠中还没加入这个圈子,这是成立书协前一二年的事。

"我去徐文达家多一些,他家就在博物馆附近,文庙那片。"赵承楷说。

因为遇到几次事情,使赵承楷更佩服徐文达。他也见过徐文达脾气不好的时候,事情着急了也会带情绪;但处理事情方面还是能以大局为重,能隐忍,有胸怀。就是林鹏批评他的那次事件,过后他也没有再提过。

徐文达处理事情很恰当,这是赵承楷通过几次事件得以印证的。比如有一次赵承楷去河南参加一个书法活动,觉得人家评判作品的方法很公平:"就是组织一个评委会,对作品打分评判。而当时山西的情况往往是权威人士说了算。"于是他回来后便给徐文达提出,希望山西也照此改进。但徐文达听后对他说,各省环境不一样,不能照搬。赵承楷说,虽然提议被拒绝,但他并未心生反感:"他年龄大,经验多,对问题的看法也必然全面。"

徐文达说话直率,但他却会提醒身边人不要这么做。赵承楷记得有一次与书画家王朝瑞一起到徐文达家里,就一件事情进行探讨,待王朝瑞先行离开后,徐文达对赵承楷说:"你看人家朝瑞,就比你强。"赵承楷知道,徐文达指的是自己对事情的处理方式不如王朝瑞委婉。"当时我说不清是什么感觉,但我尊重徐老。"他说,"这种话一般人不会说,他是为了爱护我,让我以后注意。"

对于徐文达的艺术成就,赵承楷觉得是博采众长:"他在书法上是有想法的,时时清楚哪里需要改进。尤其到了晚年,书法上还想变化——从他后期写的几个碑就能看出来。"

"如果再活几年,肯定会让我们看到惊喜。"赵承楷的语气里带着满满的遗憾。

今天,赵承楷的年龄早已超过徐文达去世时的年龄,然而说起当年,说起徐文达,他就像回到了年轻时代。

(写于2019年)

三晋大地的翰墨巨笔

——访著名书法家袁旭临

蒋 殊

在袁旭临的日记中，记录着他与徐文达的很多交往片段，情真意切，细细读之，眼前便浮现两人交往的画面，那字句间充溢着淡淡的友谊之情与浓浓的学术氛围，让今天的读者也忍不住感慨那一代人纯洁的文风、书风。

从今天对袁旭临的采访中得知，在徐文达逝世的前三四天，他还和袁旭临在某处小礼堂观看他的《黄河大合唱》——因河北一部门要给徐文达在石家庄办一次展览。袁旭临当时看过后就觉得，徐文达完全可以将在中国美术馆展览过的字拿出来重展——七十八岁的人了，动辄就是十二条屏、十四条屏，受不了啊。

"可他就是要强。"袁旭临说。

两人相差十五岁，1978年，袁旭临在南宫举办个展，徐文达看后惊叹："哎呀，太原还有这么个人！"他惊叹的，自然是袁旭临的字。

那之后，袁旭临就常常去徐文达家，目的很单纯，就是向前辈请教，进而探讨。

当时正值中年的袁旭临，今天也已经八十二岁了，早已成为山西书法界不可或缺的人物，但他依然感慨，"与徐老当年的引导、培养分不开"。

袁旭临说,徐文达在书法上是个全能人才,楷、行、草、隶都在行,特别是草书与篆刻,是专家与群众,从上到下都肯定与喜欢的。他学傅山,但写出了自己的个性。他记得那些年,山西从南到北的许多风景名胜区都有徐文达的墨迹,非常有影响。他是用哲学的观点分析书法规律,因此字是有理论指导的。

"现在人们除了学他的字,更应学他的书风,还有品格。"袁旭临说,"他正直,是非分明,慷慨;而且不崇上,不崇权,不崇官。"

圈内一直有这个说法,徐文达在担任山西省书协第一副主席期间因与人有矛盾,有了退隐的想法。"是有人不想让他干了,当时看中这个位置的人挺多。不说这些了。"袁旭临转而又把话题拉到今天,"现在何尝不是如此?名利的东西太多,书风不正,人风不正,一些获奖作品也不能看了。"

"以前,徐先生就敢跟我说:袁旭临,你写的这是什么字,拿走!现在的人敢吗?"袁旭临说到这里还是控制不住地激动起来,"把字写好,才是硬道理。"

(写于2019年)

他既有老革命传统品格，又有文人风骨
——访山西省书法家协会名誉主席赵望进

蒋　殊

走进赵望进老师工作室时，正在下大雨。今天是走访徐文达生前旧友的第一天，雨水似乎随心而来。

赵望进老师正在写字，他抬起头来："我是1962年认识徐文达的。"

那时候，赵望进是山西大学中文系一名大二学生。喜爱书法的他常常参加省城组织的书法笔会。那个秋天，迎泽公园菊花开时，藏经楼菊花笔会如期举办。恰逢周日，他约了几个同学一起到了现场。藏经楼内，书法家们正踊跃书写。赵望进的同学也把他推到前面，让他写一幅。他看大部分人都写完转移到外面观赏菊花了，才拿起笔写下"江山多娇"四个字，仿毛体的，落款后，便离开了。

没想到，他的这幅字随后竟被挂了出来。赵望进很是惊喜，因为徐文达、朱焰等人就在现场。喜欢书法与篆刻的他早就关注过徐文达，便瞅准机会走到徐文达身边，礼貌地叫了一声"徐先生"，并做了自我介绍。徐文达知道他就是"江山多娇"的作者时，也很高兴，觉得他是块书法料子，当即写了一个条子，让他去找书法家水既生请教。

下一个周日，赵望进便找到水既生。但水既生告诉他："这段时间我忙，过一段再来吧。"赵望进当时虽然年轻，但其书法在学校里也小有名气，当时山西大学第一届书法展就是他组织并主持的，参加的还有姚奠中等人。他从水既生身上没看到热情，便没有再去了。

那一年，在文庙举办了山西省第一次书法展。二十二岁的赵望进参加了展览。他记得，主持人是当时供职山西省博物馆的刘永德。展览现场，他再一次见到徐文达，没想到徐文达还记得上次给他写条子的事，并问他，找水既生了吗？

一个名家对一个后生晚辈如此关注，赵望进深深记在心中。

当时的印象，就是觉得徐文达很热情、很和蔼。尽管接触后发现他脾气不好，但发一阵儿火就过去了，而且就事论事，脾气不好掩盖不了他的好人品。

赵望进印象里，徐文达发火最大的一次是20世纪90年代初在万荣县，当时赵望进是山西省文联常务副主席，带队在那里扶贫。梨花开时，他组织了一次梨花节，请了省城的书画家、作家等三十多人前去。梨花树下，三十米长卷铺开，写字画画。徐文达因为在运城当过文化局副局长，因此很多人在笔会结束后慕名找到宾馆，从领导到司机，写过一轮又一轮。徐文达最后终于写不下去了，一拍桌子："你们欺负老头，还有完没完！"

赵望进说，后来也见徐文达发过脾气，比如大家说的他和朱焰的矛盾，其实都是因为在书协工作中难免会有一些分歧。不过，因为徐文达的性格及行事方式，有时确实会让人误解。比如他是山西第一个搞个展的书法家，但他却没有给业内同行送请柬——其实他是谦虚，可因此惹了不少人，许多人觉得他骄傲，看不起人。

徐文达从运城文化局调到山西省博物馆时，赵望进在太原日报社工作。1981年，山西省书法家协会成立，实际主持工作的就是常务副主席徐文达。同一年，太原市书法家协会，就是赵望进主持张罗的，他任副主席。就是因了这次筹备，他与徐文达接触频繁起来。

在赵望进印象中，徐文达非常敬业，对书法的修养很深，一直强调书家们要走正路。他说，徐文达那一代书家还是主张学习传统，不太提倡"走出传统"，但其实是慢慢在往出走。徐文达最终欣赏的是傅山。赵望进说，其实许多人写傅山，但成功的少，徐文达就是寥寥无几的成功者之一。他的草书完全是根据傅山的套路走下来的，是"学习传统，走出传统，经过认真践行后形成自己的风格"的那一种。

赵望进说，徐文达是一个走正路的书法家，因为行内许多人走的是野路子。他说自己一直以隶书为主，当初也是经过临帖，但后来也是想要变化，有一段就走歪了，比如把传统的"捺"去掉很多。当时为了提升快一些，他把隶书最讲究的"蚕头燕尾"都去掉了。后来徐文达告诉他不能这样写，再变化、创新，也不能把隶书中最关键的要素丢掉。因为，"你已经是书协副主席了，如果写怪会影响一大批人"。徐文达这话让赵望进非常受益，自己的身份确实有着引领作用，于是立即又走回来。如今经过多年琢磨，从传统上提升、变化，赵望进已经形成了自己独特的风格。

赵望进说，徐文达对书法路子的要求特别严谨，记得他当书协主席期间，有两个年轻书法家想搞展览，希望省书协主办，他们的基本功非常好，但书写方式却喜欢跟日本人学，比较怪。赵望进拿不准，找徐文达商量。徐文达当时就说，书协最好不要主办，因为主办方一定是倡导方，主办的作品就是导向。年轻人喜欢这些作品可以办展览，书协领导也可以出席开幕式，甚至可以讲话，但就是不能主办。

赵望进说，徐文达既有老革命传统品格，又有文人风骨，而且心胸豁达。主持书协工作期间，徐文达也遭遇了许多非议和不如意的事，即便是受到攻击侮辱，依然像没事人一样，竭尽全力、全心合意投身书协工作。

赵望进任书协主席期间，无论是搞展览还是笔会，徐文达都非常支持。他说徐文达一是治学态度严谨，二来非常提携和支持年轻人，即便是退休后也一样。聊天中，赵望进说到一件遗憾的事，他说大概是1982年，他给徐文达建议以书协的名义办一张书法报，得到徐文达的支持，于是立即行动，还得到有关部门五万元的经费支持，当时的成员有田树苌、赵承楷等人。"书法报"三个字集了王羲之的。很快，他们就试排出一期报纸。但因为书协许多人意见不统一,再加上赵望进也调任市委宣传部副部长了,这事就搁浅了。

赵望进说徐文达多才,爱唱京戏,能拉京胡,业余生活也是多姿多彩;但很少开玩笑,与人交往也不说客套话。比如他很爱抽烟,一次赵望进从日本给徐文达带回一条骆驼烟——他喜欢的"黑棒烟"。他说如果换了一般人,觉得从国外带回来的,首先肯定很高兴啊,但徐文达没有,还是如平时那样淡淡地说:"哦,这个名烟,好抽。"

在赵望进眼里,徐文达就是这样淡淡的,宠辱不惊。两人相差十七岁,但从来没有距离感。对书法爱好者求字,徐文达一般是有求必应,除非实在累到不行。但赵望进说他至今没有徐文达一幅字,因为没有开口求过,也是行内的一种尊重吧。

赵望进记得,徐文达那时候在博物馆院内弄了个不大的窑——努力恢复澄泥砚,有一天带他去窑内看,并高兴地说搞成功了。那一刻,徐文达脸上是难得的笑容,看得出他非常开心。

说到徐文达的去世,赵望进说就是太累了,写字太多了,以至于发病都不知道。在他生命的最后阶段,不仅用大草把《黄河大合唱》写出来,而且还一个个双钩出来。

"他是为了日后刻碑时不损坏字体,因为他了解刻碑程序。"

雨一直下。赵望进望着窗外的雨帘说:"他就是这么严谨、认真。"

(写于2019年)

他是我的伯乐
——访山西省书法家协会顾问田树苌

蒋 殊

20世纪70年代中期,山西与浙江联合搞过一次书法联展,年轻的田树苌是入选作者之一。也就在那一次,他知道了徐文达。

到了1977年10月份,田树苌与几个书法爱好者协助朱焰筹备山西省第二届书法作品展。当时下放在运城当文化局副局长的徐文达专程回到太原,对展览前的一些细节进行检点、指导。

"就在南宫西北角的三层楼上,我们就在那儿忙活,徐文达先生进来了,这是我第一次跟他面对面。"七十五岁的田树苌慢慢回忆他青年时代的那次相遇,"他是大书家,我们是仰视,不敢跟他多说话。"

徐文达给他留下的初始印象,"就是一个很慈祥的长者,有学者风度的那种。此后算来,徐老当时应该在五十五六岁,但印象中似乎比这个年龄略大,很沉稳"。

"可以说,徐文达先生是我的伯乐,是他把我领进书法界的。"田树苌记得,山西书法研究会成立之后,非常需要一个懂书法、爱书法的年轻人。到了1980年,三十六岁的田树苌因之前的几次书法展览,给山西省委宣传部文艺处一位姓贺的处长留下深刻印象,于是贺处长第一时间想到并举荐了他。

而徐文达看到田树苌这个名字时，也是毫不犹豫就同意了，很快就办理了调动手续。田树苌觉得，是之前自己的字和人给前辈留下了不错的印象。

那时候，山西省书法家协会还没成立，既没编制，也没经费。他记得，自己的工资是从活动经费中挤出来的。"我是第一个调进省书法研究会的，成为徐文达先生手下唯一的一个兵，我觉得我也是比较得力的一个兵。"

正如田树苌所言，单从这一点说，他跟徐文达的缘分与经历，在山西书法界就成为"独特的唯一"。

说到山西省书法家协会的筹备，田树苌说，当时实际上是省委宣传部，包括省文联党组负责宏观领导。会长是郑林，但因身体原因，实际工作其实是第一副会长徐文达主持。那中间，自然也面临过许多坎坷与矛盾，但由于徐文达一切从大局出发，全盘、全面协调把控，最终取得了共识，赢得了比较团结的局面。

"书协成立后，徐老师实际上是第一领导人，我当时是做具体工作的干事，贡献最大的是徐老师。"田树苌说。

那时候尽管条件艰苦，人手紧缺，但大家恢复书法繁荣的信心与激情却很高涨。田树苌说，"文革"结束了，改革开放了，文艺复兴了，书法的新春天也来了。书法与其他艺术一样，一下子热了，到处办培训班、办展览，所有的书法家，包括书法爱好者都奔跑在路上。

"当时就是觉得，书法要有个家，书法家要有个家。"田树苌深情回忆，"那么多热爱书法的人在寻找组织，徐文达先生那一代人便挑起了这个重任。"

那个时候，徐文达尽管即将六十岁了，但因为责任在肩，内心是与年轻人一样的。他积极着手恢复书法活动，搞交流、办展览、抓培训、带队伍，发自内心希望通过一个有智慧的组织，让书法事业蓬勃发展，使好的东西发扬传承。

"他们都是在为大家努力，没有一个人说要从这里面搞点什么名堂。弘扬书法，可以说是他们毕生的心愿。"田树苌说，当初，就是一个字，纯。

田树苌记得，山西省书协成立后，他们还创办了一个杂志叫《书法通讯》，责编就是田树苌。此外还策划了一份报纸，当时样报都出来了，但因一些原因未能办起来。"再加上书法展、培训，我那会儿很忙。那个阶段可以说是老的雄风犹在，中年正在崛起，年轻一代蓬勃发展，学习的热潮一浪赶一浪。徐文达先生主政时期，是山西书法比较好的时期之一。"田树苌至今忆起都激动不已，"当时出了好多人才，包括现在山西很多中青年书法家都是从那个阶段成长起来的，比如沈晓英、刘锁祥、阴凤华、姚国瑾、王志刚、刘刚等现在比较有成就的一批中坚力量，都与徐老的培养分不开。"

那时候，他们还不断组织活动，让书法走出书斋，走向大众，贴近百姓，他们带领书法家深入部队、社区，为百姓书写，为社会出力。

恢复与弘扬山西书法，徐文达一直身体力行。1987年，他带领书协几位同志把山西省博物馆和晋祠博物馆藏的傅山作品整理出来，在山西人民出版社出了一套精装本《傅山书法》，这在当时的业界引起轰动，因为那时傅山的影响力越来越大，资料却很少。

田树苌说那时候一切欣欣向荣，当然包括艺术走向，于是兴起一股所谓的"现代书法"风，好像是受日本书法的影响，总之就是要创新，要在传统书法上突破。"写法上也是奇奇怪怪的，我当时也特别迷茫。但徐老在我们山西一直是扛大旗的那一个。什么大旗？就是传统！他一直坚守传统、继承传统，在继承中发扬、创新。当时也有坚持转型现代艺术路子的人觉得徐老是不是保守了些，守旧了些。因为那时候创新的呼声很高，但徐老一直心无旁骛。"

徐文达之所以取得很高的成就，田树苌觉得最关键的是他能始终坚持正确的路子。如今他去世已二十年了，但他的书法越来越显示出它的光辉，这也是今天好多中青年书法家需要借鉴的。这也说明，中国书法需要一条健康道路。"到了这个年龄，我们也想告诫年轻人，徐文达先生是正确地继承了中国传统的路子，他走的路就是一个标杆，我们还要按着他的路子走下去。"

成功的艺术家各有优点，但勤奋肯定是其中之一。"他总是趴在桌子上，不是写就是刻，后来又琢磨澄泥砚。起初，他在办公的院中砌了一个炉子研究澄泥砚，一烧好几个小时。"田树苌回忆道，"即便闲下来，也要拿一把二胡在手，边拉边哼唱。"

因此，"徐老在诸多方面都取得成绩，书法、篆刻、绘画、诗词以及澄泥砚，包括他的边款、砚台刻字，都是很精妙很精绝的——这在山西，甚至全国也少见"。

勤勤恳恳，老而不倦，就是徐文达；认准一件事，便全心投入，就是徐文达。

1996年，徐文达在中国美术馆办了个人书展，当时有专家评价徐文达"暮年乃妙"。田树苌说确实是："徐老到了七十多岁时，书法，特别是行草，达到一个相当的高度。现在回头看，他的书法特别是大草，在继承传统，尤其是继承傅山的基础上走得很稳，站得很高，成就很大。"田树苌说，徐文达已经离开二十年了，但他的作品魅力在民间、在收藏家手里，人们今天都怀念他，这就是时代和民众对他的评价和认可。

说到徐文达的作品，田树苌说，好作品很多，有的温婉，有的典雅，有的端庄。但能体现他最高境界的还是大行草，激荡、豪放；尤其是他晚年坚持不懈书写的《黄河大合唱》。"感觉真的是风在吼，马在叫，黄河在咆哮！"田树苌至今说起都激情四溢，"徐老是真正表达了《黄河大合唱》的那个人！"

或许徐文达的性格也是多面的。田树苌说，徐文达先生确实是那种不随便说笑的人，有比较威严的一面，一般人如果没有跟他有深的接触，内心必然会多一分敬畏。"许多人说他不太好接近，其实不是。我从1980年调到书法研究会开始，一直到他晚年都与他打交道，他有非常和善的一面，是一个有思想的长者，跟我们也常常开心地说笑。"

"老先生是有点犟，他认可的东西那就是好得不得了，他不认可的就接受不了。还有一点，是他处事不够婉转，记得一次在运城，给书协的人当面泼冷水——有些人难免会跟他有了距离感。"徐文达性格中的缺点，田树苌觉得或许也是那个时代局限造就的——不会拐弯。

两人交往多年，田树苌没有挨过徐文达直接的批评，但他以长者的身份给过田树苌不少建议，而且一些建议让田树苌受用终身。

大约在1980年，省书法研究会举办榜书展，希望弘扬一下大字。"当时，我就写不了大字，写大字只是把寸楷放大，还是按原来笔画走。"这时候，徐文达走过来，"你没掌握方法，我给你演示一下，要绕起来，抡起来，不是你这样写小字放大的动作，是要大动的"。徐文达当时边说边比画。

田树苌说，就是先生的这一个指点，指导了他几十年。"就一个点拨、一个示范，点石成金啊，你们说厉害不厉害？"今天提起当初，他依然感慨，"如果不是他，我还是找不到方法，这就是长者的风范与高度。"

"徐老对我还有过规劝。"田树苌说他当时碑与帖两者都攻，有一次徐文达认真地跟他说："树苌，这两个东西恐怕你得舍一个。"

为什么？他当时不解，经徐文达一番解释，田树苌明白了："碑厚重雄强，帖秀美婉约，同时兼顾有难度。"

田树苌说，徐文达先生当时就是担心他在基础还比较薄弱的情况下，二者兼顾，那就有点像"走钢丝"了。走不好，掉下来，怎么办？

尽管几十年磨炼过来，田树苌一点点将这个问题做了解决，然而他依然不忘徐文达当时语重心长的叮嘱。

这就是徐文达，在艺术方面从来不会保留，就是愿意让大家进步，愿意让晚辈超过他，愿意看到后浪推前浪。

犹记1999年底，田树苌预计出版一本作品集。2000年春节时，他到徐文达家拜年，带着还没有封皮的样书给先生看。"徐老那样的人，他一般不会当面夸你，是吧？可是从他的表情、神态能看出来，他对我取得的成绩还是很满意的。"

"如果徐老在天有灵，他在天上能看到我的今天，也一定会欣慰吧，是他当年慧眼识珠把我领进书协的大门。"田树苌感慨无比。

"伯乐，就是把人扶上马，还要看到他们驰骋。"田树苌说徐文达是这样,他今天也是这样,"山西再出个颜真卿,再出个傅山,不是更好?"

"徐老对我影响比较大,我在他身上受益最多。"田树苌感激中又流露出深深的遗憾,"他当时去世得太突然。"

田树苌觉得徐文达过早离世,留下了诸多遗憾。他印象中,徐文达一直觉得山西书法队伍在他手里还不够壮大,一直想着要搞一些有效的展览,比如师生展,通过他的学生队伍再壮大山西队伍,在全省培养更多的后续人才。还有一点,便是传承。"徐文达的书法如果没有了继承人,是个历史的遗憾,也是山西书法的遗憾,好在有了徐晓梅。"对于这一点,田树苌颇感欣慰,他说徐晓梅从小就在书案旁站着看爸爸书写,是真正的耳濡目染,因此也是徐文达唯一的、最出色的、最有成就的继承人。

时代在发展,如果说徐文达在艺术成就上还存在一些遗憾,就留给徐晓梅实现吧。

这是田树苌的看法,更是徐文达的期待。

(写于2019年)

他的书法达到一种挥洒自如却不逾矩的高度
——访山西省文联主席郭健

蒋 殊

"徐文达老先生是山西省著名的书法大家,也是重要的书法组织工作领导者。山西省书协在全国创立比较早,是全国第三家。创立初期,先生做了大量的组织工作,为山西书法事业做出了卓越的贡献。"郭健一开口,就摆出徐文达在山西书法界的地位,以及他对山西省书法家协会的贡献。

郭健早年曾和徐文达有过一面之交,然而就那一次,便给了他深深的印象。

那是1983年,郭健即将大学毕业。这一年,他所在的山西大学中文系举办了一次"星星艺术大展",内容包括书法、摄影、美术、集邮等,都是同学们自发组织的,献给四年的大学生活。

其实最初大家只是一时兴起,实际操作时才发现很难,然而同学们没有气馁。时任班长的郭健与几位喜欢书法的同学负责书法展的策划,他们特别想邀请当时山西省书协的几位大家给这次活动以支持。

能不能请到,谁心里也没底,只是抱着试试看的态度,分头一一上门拜访。

郭健拜访的,就是徐文达。

"徐老先生当时在王村南街那里住，印象中就是一个小老头样，但是很精神，穿着朴素简单，但那种内在的文人气质却掩盖不住。"郭健对当初的画面记忆犹新，"家里光线不是特别亮，但满墙悬挂着他自己的字，把人眼球一下就吸引过去了。"

郭健小心却认真讲述了此行目的，没想到徐文达丝毫没有犹豫，不仅当即就答应下来，而且很快就写好一幅书法作品，是苏轼的《水调歌头·明月几时有》。"那幅作品尺幅不大，字也不太大，但我认为是我见过的徐老先生书法作品中的精品。"

初次见面，长者徐文达就大方地送上这样一个见面礼，让当时年轻的书法后辈倍受鼓舞。

郭健觉得，那是一个有责任感的书法家所具有的境界与胸襟——对后辈非常提携，那种品质也是那一代书法家共有的。他清楚记得，另一位山西书协副主席朱焰送给他们的祝贺作品是几个意味深长的字："星星，你真的比月亮小吗？"这幅作品紧扣他们大展主题，一句疑问，其实是鼓励，是期许。

这个由几位即将毕业的大学生倡议的活动，或许许多人都看不到眼里，但学生们却为此大费心思。郭健说大家特别想做好，但条件很差，做起来很难，是来自方方面面的支持激励着他们将这次活动办圆满。他说，当时系主任是著名学者马作楫，郭健向他求助时，他给批了一百块钱，还有一瓶糨糊。

一百块钱，远远不够。当时仅学生的参展作品就有两百幅，于是他们又想了一个办法，请在书法界较有名望的老师与南宫搞装裱的朋友打了招呼，又写了条子，借回来两百个外框，自己动手装裱学生们的作品。而向老师们请来的字，经沟通，店主同意以一幅三块钱人民币的价格给他们装裱。

郭健记得，这样的价钱，装裱质量自然也一般，但他们已经很满意了。

准备展览的工作很多，书写作品登记表、装裱、布置展场、邀请老师……郭健说举办这样的活动在山西大学还是第一次，一切都靠他们自己去想,去解决。

"影响还是很大的。"郭健记得非常清楚。取得这样成果的一个关键原因,就是展览得到了那么多书法大家的支持,徐文达、姚奠中、朱焰、力群、赵承楷、田树苌、赵望进等人都给了他们支持,而且大展在山西大学图书馆开幕时,这些前辈们还专程到了现场。这是外界没有想到的:不仅学生们有那么多高质量的作品参展,更有如此多星光熠熠的名家助阵。因此,展览受到极大的社会关注。

在现场,徐文达他们更是细致耐心地对学生的作品一一点评,详细告诉他们这幅字怎么样,那幅字应该怎么写。

"包括后来我们常说的要'宁拙勿巧,宁丑勿媚'这些基本的书法理念,就是当时老先生们传递的。"郭健说,"还有姚奠中先生,告诉我们不要学莺歌燕舞派——到今天,对我们的书写都有很大启示。"

近期在山西省内举办的一个老年书法展上,郭健送给大家四句话,即"学习古人,继承传统,敬畏法度,书写自己"。他说这就是他从前辈们身上学到的传统,只有这样,路子才能走得正,书法才能按正确的轨道发展。

"徐老先生学富五车,德高望重,热心提携后辈,关注书法事业,给我们留下非常深的印象。"最初的美好记忆,郭健至今念念不忘。

说到徐文达的书法,郭健说他的流派与风格至今都影响着山西的书法家。而徐文达的为人与人品,更给当初郭健那一代年轻人留下深刻记忆。大家不仅学习他的书法艺术,还学习他的做人处世。他觉得,徐文达对山西整个书法事业乃至文化事业的影响都是非常大的,"我们今天纪念他,就是要让大家记住山西的书法史上还有这么一个重要人物"。

记住的目的,就是学习,就是弘扬,就是传承。郭健说为了山西共同的文化事业,文化界,尤其是书法界应该向徐文达学习。

郭健眼里,很多人食古不化,一些书法家临帖临得很好,古人的东西也学了不少,但却没有形成自己的风格。他觉得,归根结底,书写自己最重要。艺术是在一定法度基础上对自己个性以及情绪的表达。而"徐老先生恰恰是在继承古人的基础上博采众长,形成了自己独特的风格，影响了山西一代的书风。他的书法已经到了一种挥洒自如却不逾矩的高度"。

说到今天的山西书法，身为山西省文联主席的郭健说：山西是文化大省，但不是书法大省，更不是书法强省，在全国的影响还不够。所以类似纪念徐文达先生这样的活动应该多搞。这不是给某一个人的活动，也不是对某一个人的怀念，而是对山西书法艺术的传承与弘扬，更是对山西文化事业的推动。

（写于2019年）

新中国成立以来山西书法的奠基人就是徐文达
——访山西省书法家协会主席石跃峰

蒋　殊

在山西省书法家协会主席石跃峰眼里，徐文达是山西书法历史上一位大家，在全国也是无可争议的著名书法家。尤其是20世纪80年代初，徐文达在全国很有影响，可以说是80年代中国书法界的代表人之一。

石跃峰说，新中国成立以来山西书法的开拓者、奠基人就是徐文达，就是以他为代表的几位有成就的书法家，撑起山西书法界那个时代的辉煌。

有一年在北京，石跃峰与中国书法家协会名誉主席张海、河南省书法家协会名誉主席周俊杰聊天时还谈到，80年代初晋冀鲁豫四省有过一次书法联展，山西书法家的作品是强于其他几个省的。那时候，徐文达是山西省书法家协会常务副主席，书协的实际工作就是由他引领，各种工作也由他具体负责。那时候，徐文达的个人艺术成就已经达到很高的境界。对年轻的石跃峰来说，当时对他就是崇敬、仰慕、学习。

"我书法初期就是受徐文达的影响。"石跃峰说，他清楚记得当年在街头，碰到徐文达书写的牌匾，就会停下来认真看上好大一阵儿，比如"鸿宾楼"，比如"大正堂"药店。"感觉就是正大气象，守正创新。"那时候，不管是各大报刊的书法题词，还是店铺的牌匾，石跃峰都要认真收集、学习、临仿。

石跃峰是20世纪80年代初从家乡榆社来到太原上大学的。因为喜爱书法，便常常找机会参加一些书画界的活动。他说，自80年代初中国书法逐步恢复后，就开始了各种笔会。每遇这种书法界盛会，他总要到场学习。

那时候在现场，只能远距离看看徐文达。"他一出场，气场就来了，众人一下就被吸引过去。"那时候，众多书法爱好者对徐文达都是崇拜加尊敬，"他在书法界的影响达到了这个高度。"

慢慢的，因为工作关系，他与徐文达有了近距离的接触。至今，仍有三次印象，深深印在石跃峰的脑子里。

石跃峰大学毕业后分配在山西省委老干部局调研处工作。当时，徐文达已经离休，属于石跃峰工作的服务对象。后来，单位成立了"山西老年书画家协会"，石跃峰担任副秘书长，陆续开展起各种书画展览。大概在1985年左右，第一届山西老年书展时，局长让他去找几位老书家题词，他第一次有了机会去徐文达先生家。初见，徐文达给他的印象是话不多，朴实，但说话很有分量、很有见地。

"有些话一经他处理，就很艺术，而且恰到好处。"石跃峰记得，徐文达按要求给他们题了词后，他大着胆子开了口，希望求到先生一幅字。想不到的是，徐文达没有犹豫就答应了，但告诉他不能马上写。

几天后，石跃峰有事又上门，徐文达已经把写好的一幅三尺对开《春晓》装在信封里，还落了石跃峰的款。

第二次大概是1985年后，石跃峰在省直工委帮忙，负责省直机关方面的工作。有一次，因为推荐田树苌当青联委员，省直工委派石跃峰找徐文达做调查了解。他在文庙附近的省博物馆找到徐文达。他清楚记得徐文达办公的地方不大，放了好多书。石跃峰拿出公函表明意图后，徐文达开了口："年轻人上进是好事啊，该支持。"

第三次，是老干局组织一批书法家到云贵川采风。一路上，徐文达处处用心，写了很多诗词。前几年，石跃峰遇到一位当年在老干局工作的同志，他还说起当年他一路陪同这批书法家采风，因而有幸收藏了徐文达一幅小行书长卷，内容就是徐文达路上写的诗。

在石跃峰眼里，徐文达是真正的艺术家，内敛，有内涵，有中国文人的风骨，在艺术追求的路上始终不忘初心。他工作期间，对各地市书协的成立，也是认真把关，研究、指导，培养扶持了很多人。

行走在全国各地，总会有人向他提起徐文达，人们口里，徐文达就是个书法大家，可见先生在国内的影响力。

石跃峰认为，徐文达下过大功夫，有过坚实的历练，书法艺术达到了一定的境界。作品中可看出先生不只是勤于实践，还善于研究，有思想，喜欢探索。他觉得，现在好多书法家的作品是"展览体"，千人一面，都在临古人，进去却出不来，没形成自己的风格。而徐文达不同，"他有传承，有清晰的二王脉络，还有傅山风骨，但最终还是他自己"。

石跃峰觉得，徐文达是一位很有学养的艺术家，书法、篆刻、制砚、国画都极好，所以很希望今天的人能把徐文达的艺术遗产传承好，博物馆、美术馆，都该永久收藏。还有他的书法观点，也该好好整理一下。

"非常遗憾，先生离开得太早了，才七十八岁。不然艺术成就会更高。"这是石跃峰的遗憾，也是所有人的遗憾。

石跃峰从徐文达又说到山西书法家，他觉得，讲究地域书法很重要。徐文达对傅山书法传承得就特别好，因此，他希望本土书法家们能像前辈徐文达一样，扎根山西，吸收这片土地上的营养，努力打造出独特的三晋书风。

（写于2019年）

他是山西书法界一座丰碑
——访山西省书法家协会副主席王志刚

蒋 殊

王志刚初见徐文达，是1979年，但他不记得是不是春天，只记得是在一次展览期间，他拿着一幅字，上前请教。

徐文达看了字，跟周围人说："这娃娃写的篆字还挺有意思。"转身问他，"跟谁学的？"

听到是郭伯鹰时，又说："好好学，那是个好老师。"

这就算认识了。王志刚很高兴得到名家的认可，之后便常上门请教。徐文达认真看他写的字，听他的想法，之后告诉他，不能只写篆书，还要写行草、楷书。王志刚没有点头答应，因为很少能见到字帖，便道出了心中的困惑：什么样的字算好字？

"我给你写一个吧。"徐文达听完，立即动手写了一张仿影给他。

"一个著名书法家，亲自给一个爱好者写仿影，很感慨。"至今说起，王志刚都忍不住哽咽。

和其他学生一样，王志刚说当时并没有正式拜师。两人结识不久后，王志刚在《并州文化》杂志封三刊发了三方印，他兴冲冲拿去给老师看。徐文达看到上面介绍"师从徐文达先生"几个字后，点头自语："也对。"

王志刚很高兴，这是老师肯定与认可他了。于是每周，他都要跑去老师家里。一见面，徐文达问的话总是：最近写了什么，怎么写的，有什么感悟、体会与心得。之后会认真听，发现问题时马上指出："这个看法不对，不应该这样理解。"

王志刚说，他通过书法淘得的第一桶金，就是靠老师徐文达帮助的。20世纪80年代初，太原鸿宾楼饭店请徐文达题写牌匾。徐文达接到活儿，就把写菜谱的事交给王志刚。

"记得他当时得到的报酬是一百多块，我是八十块。"王志刚说。之后老师问他，这钱准备干啥用？他说没想好。徐文达告诉他："去买一本《书法大字典》吧。"王志刚记得，当时一本《书法大字典》十六块八毛钱，一只烤鸭十四块六毛钱。

而徐文达手里的一本《书法大字典》，是用一套（三十六张）毛泽东诗词拓片换的。王志刚听说后告诉老师吃亏了，徐文达却说："这字典好嘛，不吃亏。"

王志刚说，徐文达一直强调书法走向民间，比如太原食品街开业之际，请书法家们写牌匾，由赵望进组织，徐文达不仅积极参与，还推荐学生们参加。王志刚就是他建议加入的，为一家"半间楼"烟酒店题写了店名。

"成熟后回想，才觉得从他那里得到的特别多。当时还有一位书法前辈，爱无原则地表扬，当时听了就沾沾自喜，导致一段时间有点飘，放不下了。"这是王志刚多年的心结，"可惜现在才明白。如果一直跟着徐老师，让他经常敲打敲打，现在不是这个样。"

徐文达的勤奋，王志刚看在眼里。他记得有一天晚上从老师家出来，已经十一点四十分了。那晚老师在拓一套毛主席诗词，王志刚做帮手。他记得用的是五台山石头板，刻了，又拓了。

静静的夜里，师生二人一边工作，一边教学，暖意融融。

王志刚也属好学之人，是徐文达欣赏与喜爱的学生之一。他说，老师轻易不生气，但板起面孔来很可怕。只要他认为不好的习惯，马上训一顿，而且说得可狠呢："你就叫瞎胡闹！"

有时候，王志刚觉得一幅作品完成得很不错，就是老师说的既有个性又有自己的原创。没想到得来的却是一顿训："你这是胡闹，古人就没你这个笔法！"徐文达一直强调，书法必须遵循古人的足迹走，日积月累，有了深厚的理解与感悟，才能自然呈现出个性。

"被批评多了可没底气呢，很不自信，觉得哪儿也不对。"王志刚描述着当时的心情。他说老师是一个和蔼的人，然而一旦面对书法艺术就像换了个人，有时候说话还很难听，记得一次他评价一位书法家的作品"像香蕉皮儿"。

"就是说像一张薄片儿，不丰满。"王志刚笑着解释。

对学生，徐文达基本是以批评为主，然而很多时候又很包容。比如曾有学生偷他的字去卖，还模仿他的字出售。他知道后，也是睁一只眼闭一只眼，并不去追究。

这样优秀的老师，王志刚却因为受不了批评渐渐远离了。因此他始终觉得自己愧对老师徐文达。2018年，他还专门写下一首诗：

少年常常上官巷，
仿影字字见师恩。
师严本是爱徒切，
徒劣无知远徐门。

刀笔于今四十春，
法古追贤难通神。
最忆函札教诲事，
愧对泥翁一片真。

"1983年，徐老搬离上官巷，我便借口太远，不去了。"从1979年初识拜师，四年后中断了学习。

见不着面，徐文达却并未因此放弃老师的责任与义务。王志刚记得之后在山西省第二、三届书画展览后，徐文达专门写了一封信给王志刚供职的太钢,其中有一段内容专门批评王志刚。他在信中指出,王志刚参展的作品"路数是对的,但不是这么个走法"。

"其实当时就是只注重形式,不注意文化内涵。"王志刚承认,"因为后来有另外一位老师也是这么说我的。"可惜那时年少,可惜那时没懂。"他是一名很接地气的草根书法家,虽然是一名十四级干部,但对民间新发现的人才非常珍惜、爱护。"

徐文达教育学生,不仅是写好字,还包括怎样写字。王志刚说老师写字从来不是"废纸三千",而是"惜墨如金"。即便不满意的作品,也要挂起来,从中找不足,在原纸上再勾勾画画一番后,重新再写。

常见有书家写字时,旁边的人会拿一块纸,跟着在字上吸墨。这种现象,徐文达极反对,尽管他承认自己也有这"毛病"。他觉得这是书家对纸与墨把握不精准的表现。"可以将一块废纸放旁边,笔上墨多了在上面吸一下,不要用纸去压字。有时把握不住多了,就让它洇开吧。"徐文达觉得,能将这个度掌握好,是一个优秀书法家必备的功力。

徐文达对内容严谨,对形式却不讲究。有一次写完作品,发现把章盖反了。旁边的王志刚说重写吧,徐文达却说让他再盖一个贴上去就好,他觉得"一裱就看不出来了"。

对学生,对年轻人,徐文达总是无私传授着他的经验。王志刚说当时徐文达告诉他:"一个米芾,一个黄庭坚,千万不能学,一学就坏,一学就俗。"这可是两位大家啊,因此王志刚当时很有些不服气,想着:"你学过了,不让我们学?"

"之后回想,他是学得吃亏了,才制止我们步他的后尘。"王志刚说,学前人其实很难,"比如说学傅山,就怕套入他书写中那个圈圈,果然许多人一学就进入那个圈圈了。"

后来多年,王志刚虽不跟着学习了,但依然会常常和老师见面,徐文达依然是王志刚心目中永远的老师。徐文达的探索精神,令他佩服。记得20世纪90年代的一天,徐文达在南宫古玩一条街上淘到一块澄泥砚残片,几乎是跑着找到附近的王志刚。

"徐老，怎么还跑着？"

"买了个好东西。"徐文达边说边拿出来，"你知道这是什么？告诉你吧，是明代的澄泥砚残片。"

"哦，多少钱啊？"

"六十元。"

王志刚说，那个时候一般工薪阶层的工资都不到百元啊。徐文达和多人分享后，兴冲冲将残片带回家，当晚便打碎了细细研究。

王志刚说，徐文达是一个特别爱琢磨的人，对作品的细枝末节都很在意。2019年8月的一天，王志刚偶然发现一方砚台，他被上面的题跋吸引住，正是徐文达的。"这一方是定襄人烧制的，火候过大，导致变形。砚堂两只桃，看似起到装饰作用，其实纯属画蛇添足。"

王志刚当即将这方砚台买了下来——那字里行间，有着老师的温度，有着老师的学养和他严谨的治学态度。一方砚台，徐文达关注的不仅仅是砚本身，更有图案的细节。

王志刚说徐文达是一个杂家，电影、戏剧、书法、绘画等都在行，他的艺术成就体现在各方面。在对待艺术的态度方面，徐文达总是教导他们"要深究，弄清来龙去脉，负责任"。

"山西的书法工作，他贡献最大。"王志刚说，20世纪50年代中后期，徐文达亲自主持操办"山西省书法篆刻研究会筹备小组"，当时阵容很豪华的，有徐文达、朱焰、郑林，还有年轻的邓明阁。

"这是除上海、北京外中国第三个书法组织。"王志刚说，"没有一定的高度与站位，想不到这些。"

王志刚说，徐文达的很多看法，都是艺术之内的观点。"当然现在人们评价徐文达，或许会有一些偏颇。相信随着历史发展，人们会逐渐看清。当历史沉淀，去除枝末，他依然是山西书法界一座丰碑。"

王志刚记得，《中国书法》杂志副主编朱培尔曾跟他说过："徐老是大师。"

"怎么定位？"

"齐白石的作品，你觉得有没有特别差的？"

"有啊。"

"徐老也存在这个问题。比如那幅《前出师表》长卷,太精彩了,根本不像当代作品,就是古人精品。但也有糗的作品。"

王志刚也承认,好的艺术家往往都是这样:很平稳的那些,反倒都不是大师。

徐文达晚年,王志刚时而会去探望。看到他集中精力写大幅作品就很担心,提醒他不能太累。可徐文达总是一句话:"着急呀!"

"听到老师去世的消息,很难受,很痛。"王志刚不断控制着自己的情绪,"他给的烙印太多了,真想在他身边大哭一场。"

王志刚说,徐文达的涉猎特别广,书法尤其是。他认为,山西书法家没有比徐文达的路数更宽的了。

"只是篆刻有局限,缺乏温文尔雅的东西。"王志刚说,"但是他的边款特别棒,长跋,巨款。他把《前赤壁赋》《兰亭序》表现在石头上,特别精彩,是山西的高峰,无人超越。印面却忽略了。"

"徐老走得太早,如果多活几年,按他的艺术思路,成就会很高。他有衰年变法迹象,晚年更多是减法,线条提炼了。"

王志刚说,老师徐文达夫妻感情很深,因此师母去世对他的打击很大。他记得2000年初,师母去世后,他一次到家里,中午时,女儿徐晓梅问父亲:"想吃什么?"没想到他一听就火了:"你妈伺候了我一辈子,也没问过我吃什么。"

仅仅三个月后,徐文达就去世了。王志刚总觉得,老师走得这么急,也是想念师母了。

(写于2019年)

我的父亲徐文达

徐晓梅

2000年5月27日2时10分,我的父亲永远地离开了我们,离开了他热爱的艺术,离开了他未竟的事业,没有一声嘱托,没有一句吩咐,默默地走了。

泪眼蒙眬中,往事一一展现在眼前……父亲去了,留下的是不朽之作——书法、泥砚、诗赋、绘画,他对书法艺术求索不止的精神,永存我们心间。

在我读大学的时候,有位爱好书法的同学不无羡慕地说:"你真幸运,出生在一个书法世家,我还不懂什么叫写字的时候,你已经拿着砚台当玩具了。"我回家将这话告诉了父亲,父亲只是笑笑。

在我眼中,父亲是一个平凡的人,一个与别人的父亲没有什么两样的人,但为什么别人会羡慕我呢?思量过后,一种自豪感油然而生。我只想说,我有一个让我敬佩且引以为傲的父亲,一个平常而又不平凡的父亲,一个用笔书写中国汉字的父亲,一个用生命谱写书法艺术赞歌的父亲。

说平凡,他与别人没什么两样;说不平凡,他在他近八十年的岁月里,用睿智的头脑、敏锐的观察、细心的品味、勤劳的双手及一颗永远年轻的心,在墨海艺苑中搏击。当那一幅幅精妙的作品展现在世人面前时，你能体会"黄河之水天上来，奔流到海不复回"的民族豪情，你能领略青青河边草的浪漫情怀，你能感悟老子"天人合一"的境界……他的笔和着美妙的旋律和分明的节奏，在那宣纸上或巨泉出谷，或风吟松涛，或低回沉吟，或潺潺流水，或流云飞瀑，一个字一朵浪花，笔走龙蛇，如听贝多芬《命运交响曲》，如见春弄花潮。他的艺术、他的境界，你必须用心，用一颗真诚的心去倾听，才能领悟到其中的情趣意味。

1922年11月30日，父亲诞生在河北完县一个平常的农民家里，曾祖父对父亲抱了无限期望："我家辈辈单传，这孩子将来一定有出息。"父亲没有让曾祖父失望，他从小就显现出过人的聪明。他顽皮、多动，会变着法儿找乐趣，下河捉鱼，野地里逮蚂蚱、玩蚂蚁、追蝴蝶；但做功课却也是一流的，在别的孩子摇头晃脑怎么也背不会书的时候，父亲早已将课文熟记于心，倒背如流。父亲近八十高龄时，还能背《将进酒》《归去来辞》《醉翁亭记》《前赤壁赋》等长篇诗词、文章。

怎样才能稳住这个调皮的学生，他的老师颇费了一番心思。老师爱书法，于是让父亲给他磨墨、抻纸，老师边写边讲解，至此，爱好书法的种子就这样根植在父亲聪慧的心灵中。

儿时的农村生活经历，成为父亲后来绘画的艺术源泉。一枝杨柳条串一串鱼、芦苇丛中的几只青蛙、大叶里藏着几条碧绿的丝瓜——大写意中蕴藏着生活的情趣，从中亦可寻觅父亲那颗不泯的童心。

父亲的书法是伴着抗日的号声、迎着战争的烽火成长起来的。老区农村的围墙上留有他抗日的墨迹；百姓的照壁上，有过他稚嫩的手笔；被炮火炸虚烧焦的土地上留下过他用树枝练习书法的划痕；即便是高远的天空，也被他想象成一张无限大的"宣纸"，挥毫泼墨他的种种构思……融汇古今、师法自然，是他的理念；服务群众，不轻视书法的实用性，是他的实践。因而，无论是写榜书、写标语、写碑文、写公文、写信件、写春联、写婚书、写金兰谱，他都认真对待，将之视为他练字的笔墨场。

解放后，父亲从河北来到了山西工作，当看到傅山先生的作品时，他为那磅礴的气势、深邃的思想以及那高尚的民族气节而震惊，挥笔临写，一学就是四十年，孜孜不倦，笔耕不辍。几十年来，父亲书房的灯没有在零点以前熄灭过——熔铸真草隶篆，吸百家之长，为己所用，自然而然，形成了自己独特的风格。所以，当父亲1996年11月在中国美术馆举行个人书法展览时，在中国书法界引起了轰动。《中国书法》原主编刘正成先生评价说："人书俱老。"周祥林先生著文称，"老夫聊发少年狂"。有位观众看完展览后，不无感慨地说道："许多年了，第一次看到这么好、这么痛快淋漓的书法展览。"

在这里不能不提的是，父亲于20世纪70年代中后期开始澄泥砚的研制。澄泥砚是中国古代四大名砚之一，宋元之间制作技术失传，为了重现这一民族艺术瑰宝，父亲在一无技术资料，二无实物资料的情况下决心展开研究。整整三年，我们家如同泥库，到处摆着泥盆、水、土，本来就狭小的屋子，更是转不开身了。然而，苍天不负有心人，试验终于成功了。当一个个精美的澄泥砚出炉时，父亲脸上露出笑容。这项成果后来获得文化部、轻工部和山西省的奖励。之后，又获得国家发明专利。父亲的成功源于他不达目的不罢休的个性，源于他的无比勤奋，更是他对艺术科学执着追求的结果。我经常望着父亲那瘦弱的身影，百思不解——他的艺术才能究竟是如何炼成的？——书法、篆刻、澄泥砚、根雕、绘画，无不精妙卓绝、美轮美奂，让人赞叹不已。有这样的父亲，我能不骄傲吗？难怪他的学生、天津商学院教授况瑞锋说："老师是艺林奇人，我们做一样事情都不一定能做好，老师却样样做得精妙，我们是不能相比的。"

时光流逝，岁月的风霜染白了父亲的黑发，沧桑已刻在他的脸上；然而，父亲那一颗永远年轻的心没变，他的创作激情依然那么炽热地燃烧着。父亲早在1988年便开始创作《黄河大合唱》三章。以此纪念抗战胜利六十周年。以往的创作内容，大都是古诗、古词，从没写过现代歌词。新的内容，应有相应的表现形式，如何书写呢？父亲认为：《黄河大合唱》是离不开音乐的。周祥林先生曾说："音乐是草书的灵魂。"所以，创作大合唱是再现，不是表现，不仅要再现抗日的革命激情，还要再现革命的豪情，要以黄河作为形象的依据，以感情统帅书法。父亲的《黄河大合唱》既注意间架用笔的准确性，又有率意、起伏——他内心是激奋奔放的。在用笔上沉着、迟涩，速中有迟；在间架上既有集中，又伸展开拓。以缠绵瘦笔为主，以线表现水流。全章分三段，第一段是抒情（《黄河颂》），第二段是诉说（《黄水谣》），第三段激情奋发（《保卫黄河》），全篇连贯，一气呵成。

经过两年的创作，写了不知多少幅，才写出自己真正满意的一幅八尺长的十四屏——气韵流畅而生动，线条缠绵而苍劲，仿佛使人看到了黄河的伟大、黄河的奔涌，听到了黄河的怒吼、黄河的咆哮；父亲将他的情感、他的生命、他的灵魂凝入作品。这是一支生命的歌，一个老艺术家对革命精神的讴歌，一首带有时代精神的赞歌！《黄河大合唱》成了父亲书法的绝唱。

父亲还有一幅得意之作——《前出师表》，现为山东一收藏家收藏，上海书协副主席、《书法》杂志原主编周志高先生鉴赏之余评价道：山西徐文达先生是当今书坛公认的草书大家，徐翁深悟傅山书艺精髓，做人正直，作书中气，故而其书磅礴苍劲、浑厚雄健。徐翁又取北碑之凝重沉雄，把篆隶之圆润朴茂，借山谷之舒展跌宕，糅颠张狂素率意奔放合而为一，自成一格。此草书长卷《前出师表》长达十二米，一气呵成，犹如百丈悬泉，飞流直下，以其不可端倪之势，尽显胸中磅礴之气，笔墨淋漓，令人观后如醉如痴、留恋难舍。今有幸拜观徐翁之草书代表之作，受益良多。

父亲去了，但留下了未竟的事业。他曾希望在不久的将来成立文达艺术院，创立文达字库，再赴日本及欧美等国举行个人书展，出版文集、诗集，编印书、印、砚谱……然而如此一别，徒留给亲人、世人无尽的哀伤和感慨、惋惜……

父亲辞世后，山西省党政领导及书界同仁纷纷前来做最后一别。中国书协原副秘书长、《中国书法》主编刘正成先生特意撰写挽联："砚海潮空百幅龙蛇乘雾去，墨林泪落一代草圣不重来。"

严父？慈父！

徐晓梅

在我记忆中，父亲严厉而刻板，很少见到他的笑容，偶见笑容，似乎就是我们几个孩子的节日。因而，我们常常依偎着母亲，很少亲近父亲，也很怕他。

在家里父亲说一不二，谁也不能反对，谁也不敢反对；所以我们都很听话，尤其是我，年龄最小，只有听话的份。也许正因为如此，父亲才把学书法的重任交给了我。

记得开始学习时，只有十二岁，正是贪玩的年龄，不喜欢书法，更不想写，总想偷懒。有一天早上，父亲严厉地问我："你昨天写字了吗？"我惶恐地说："没有。"于是，父亲狠狠地在我背上打了两下。真疼！眼泪一下子流了出来。那天我是一路哭着去的学校。这也是父亲唯一一次打我。

也怪，打了两下，我便乖乖地写起了字。但时间一长，又开始贪玩了。有一次大中午，骑父亲的自行车玩，下坡时，没有刹住车，一下子撞在了土墙上。当时，身体撞得很疼，但我顾不上这些，而是赶忙检查自行车，发现前轮撞坏了。这可怎么办？小时候，总觉得东西比人重要。

我吓坏了，自行车坏了怎么向父亲交代？！和几个小伙伴商量无果，我决定悄悄将自行车放回家门口，装作什么事也没有发生。我躲在一个别人看不见的角落里，静静地盯着家门口，看看父亲出来后会发生什么事情。

不一会儿，父亲出来了，去推自行车，准备骑——我的心提了起来——只见父亲推了推自行车，觉得不对劲，检查了一下，自言自语道："怎么回事？"终于，他放下自行车，步行上班去了。快要蹦出来的心暂时落到了肚里，可晚上怎么办？父亲一定会问我，说不定会打我，想到这儿我急得直跺脚。很快，眼球一动，计上心来！晚上放学回家，我二话没说，找出了大白纸，用毛笔写起了大字报——父亲最喜欢看我写字，说不定就不会打我了。我拼命地写啊，写啊，弄得脸上、手上全是墨。

父亲回来了，我不敢抬头。他来到桌子前面，我的心狂跳起来，只怕拳头落在我的头上……可是，只听见父亲用无比温柔的声音问我："是你把自行车撞坏了吧？"我抬起头，看见了父亲的笑脸——这是很少见的——我点点头。父亲轻声说了一句："以后注意点，好好写吧！"我的心顿时狂喜起来，我的"计谋"终于成功了：好险哪，躲过了一难。

现在想想，真是不应该，利用父亲爱女心切、希望女儿写好字的心理而出此一招，真是不应该。

父亲表面严厉，说话不留情面，但我渐渐了解到，父亲貌似严厉的形象下有着温情和慈爱。

记得那是1986年，山西电视台有一档"金迪"节目，录制了我的一个书法专题，父亲很高兴。谁知就在播放的前夕，父亲被邀请去岢岚卫星发射中心观看卫星发射——这是个千载难逢的好机会，而卫星发射的时间正好是播放我的书法专题的时间。我感到万分遗憾，父亲不能看到我的节目了。父亲走的时候什么也没有说。

播放的时间到了，我和几个好伙伴以及母亲一起坐在客厅的电视机前，准备观看。正在这时，家门忽然开了，我急忙出了客厅去看。天哪，父亲回来了！我忙问："爸爸，你怎么回来了？怎么不看卫星发射了？多可惜！"父亲什么也没说，只是笑眯眯地往电视机前走去。不一会儿，节目开始了，我们目不转睛地看着电视，镜头里的我，表现还不错。

节目内容已经记不大清楚了，只记得我又写字又弹琴，似乎还有些才能。节目播完了，父亲笑眯眯地说："不错！挺好！"我还是不解地问父亲："爸爸，你为什么不看卫星发射呢？"父亲依然没有回答我。

事情过去了二十几年，今天我才明白，父亲当时为什么放弃了那么难得的机会，这是因为什么也比不过他对女儿的爱，他要专程回来给女儿鼓劲儿。如山般的父爱，我早已得到，尽管当时并不明白。不善于表达感情的父亲，将深深的爱女之情埋在心底，从不表露；而我这个木讷的女儿，身在福中不知福，没能明白父亲那腔热血，一直以为父亲心中没有子女，只有艺术，没有爱，只有严厉。

我现在才知道，我的严父是这样的慈爱、温情，他把人间的爱与情深埋起来，从不表露，徒留下严厉的形象。

我亲爱的严父！我亲爱的慈父！

附 录

在"徐文达书法展"开幕式上的讲话(之一)

刘 艺[1]

各位领导、各位来宾:

今天,山西省著名老书法家,徐文达先生书展在中国美术馆举行。我们中国书协各位应邀参加了开幕式,感到非常荣幸和高兴。我代表中国书协对徐先生书法、篆刻、澄泥砚,在京胜利举行展览表示衷心的祝贺。

徐先生是我们的老朋友,从第一次书代会,1981年的时候,他就出席了。以后,他在山西书协任副主席,负责日常工作。在这之前,20世纪50年代,他就开始从事书法艺术的研究和组织工作,对山西省书法事业的发展做出了突出贡献。过去,我见过他的书法,主要是宗法傅山——明末清初的一位大书法家。徐先生研究傅山有三十年的历史,徐先生的字从傅山那里过来,相当流畅。从1985年第二次书代会后,徐先生不再担任书协的工作,我们见面机会也少了。阔别十年,这次见他的进京作品和我记忆中的完全不一样,他的书法面貌与之前完全判若两人,和80年代早期我看时的作品不像是出自一个人的手笔,变化之大,令人刮目。我看过了他的作品集,这次展览的作品大家马上可以看到,

---

[1] 刘艺,又名王平,别名王实子。中国书法家协会原副主席。

草书还是他的专擅，但已脱出了傅山那种连绵缠绕，非常清爽，很有文气；另外他的行书，从黄庭坚那里演变过来，又注入魏碑，也是风格独特、挺拔有力。我也看到绘画、篆刻，总的感觉很大气、传统，而且雄强，给我一种北国风光、浩浩荡荡大气的感觉。我想，等一下同志们看了作品跟我会有同感；因此我认为，他从退下来不再忙于书法的组织工作后，十年间潜心于书法艺术创作，获得了很大的成就。我觉得这是一个了不得的好事，之前忙忙碌碌终日，在艺术上反而受到限制；现在摆脱了这种羁绊，能够全身心投入书法艺术的创作和研究中，进展很大。

我在这里再次预祝徐文达先生书展成功，希望他的书法艺术百尺竿头更进一步，随着年龄增长，艺术会有更大的前进。

在"徐文达书法展"开幕式上的讲话（之二）

赵望进

各位来宾：

　　徐文达先生书法展在中国美术馆开幕了，这是近年来我们山西继姚奠中、卫俊秀之后在首都推出的第三位老一辈书法家。

　　徐先生是20世纪40年代就参加革命的老同志，也是位多才多艺的文艺家，他对音乐、戏剧、诗文和美术都很见长，尤精于书法篆刻。在书法创作中，他真、草、隶、篆无所不能，尤工行草，对八条、十条、十二条等长幅巨幛，往往胸有成竹，一气呵成。其作大气磅礴，引人入胜。他不仅一专多能，而且把书法的艺术性和实用性有机地结合起来，或书写牌匾，或刻石雕碑，或为报刊写刊头，徐先生的书法在山西群众中有着美好的印象和广泛的影响。

　　徐先生也是我们山西书法活动最早的组织者和领导者之一，他为山西艺术事业的发展做出了卓越的贡献，对山西中青年书法家的培养付出过大量心血，因而他在书法界有很高的威信，受到普遍尊重。

　　花甲之年的徐先生又着手全国四大名砚——澄泥砚的研制，经过十年辛苦，终于以新的手法使澄泥砚得到新的发展，从而获得国家发明专利与奖励。

　　这次展览，有书法篆刻，也有澄泥砚新作，这既是徐先生大半生精神产品的展示，也是向首都艺术家和广大观众的一次汇报。

　　我再次代表主办单位对各位的到来表示热烈和衷心的感谢。

《徐文达书法集》[1]序一

刘 艺

徐文达同志离开我们已经六年了,他的音容笑貌仍不时浮现在我的眼前。追随文达多年的弟子及其后学整理了他的遗作,要为他出版一册作品集,嘱我作序。

我与文达同志相识二十多年,虽然不在一处,但时有往还,有所了解。凭借我对文达同志的直觉,加上阅读文达同志的一些资料,我认为他是一位很有特点、很有个性的艺术家,是很有成就的书法家。我仅从四个方面来谈谈文达一生的亮点。

忠诚的一生

徐文达1922年出生于河北省完县靠近太行山的一个山村。1937年抗日战争全面爆发后,他的家乡成为八路军抗日根据地。1943年,文达同志投身于中国共产党领导的抗日工作,先后担任小学教师、校长,后来调任保定地区文工团团长。20世纪50年代转往山西省工作,先后担任山西省电影发行公司经理、运城行署文化局主持工作的副局长、山西省博

---

[1] 《徐文达书法集》,2007年由山西古籍出版社出版。其序言编入本书时有改动。

物馆馆长，逝世前是山西省博物馆名誉馆长、山西省政协常委。他来到山西后开始研习书法。50年代末在山西省郑林副省长的鼓励下，潜心研究并师法晋贤傅青主书法，并筹备成立山西书法团体。中国书法家协会山西分会于1981年正式成立，他是副主席之一。

从文达同志的经历可以看出，20世纪初至20世纪中叶在党的影响下投身革命的一代人的身影。在那火红的斗争年代，一切都服从党的安排，"党叫干啥就干啥"，并且要在平凡的岗位上做到"又红又专"。正是靠了这些同志的忠诚，才打下了社会主义各项事业的基础，包括书法艺术事业的基础。文达同志赤诚的事业心，值得人们尊重和铭记。

勤奋的一生

文达同志少年时曾学过毛笔字，对文艺的兴趣则始于20世纪中期参加文工团之后。职务是团长，却无所不做，拉过琴，谱过曲，画过布景，演过戏，也曾创作过歌剧、话剧、电影文学剧本。兴趣广泛，工作勤奋。不过，随着时间的流逝，他自觉对音乐、戏剧虽很爱好，但才学不足，不是仅靠自己努力便可以成功的。后来转到文艺行政工作岗位，兴趣逐渐转向少年时接触过的书法。先是学习柳公权楷书，继而学习二王、黄庭坚、赵孟𫖯、董其昌等人的行书和草书。由于在山西便于看到傅山的作品，便对傅山产生了浓厚的兴趣，又得到邓林副省长的引导，遂立志专攻傅山书法，锲而不舍三十年之久。50年代友人赠他一幅字"时间是挤出来的。马克思语"，对他很有启发。他认识到"懒的习惯可以养成，勤的习惯也可以养成"，于是更加勤奋，把业余时间都倾注到研习书法上——这时他悟到书法终是最适合自己的艺术。

文达不只是在书斋里挥毫作书，他由写字而延伸到治印和制作文房用具上。澄泥砚是山西黄土高原的特产，曾辉煌一时，但烧制古法早已失传。文达同志用了十几年时间，奔走各地，研究资料，反复实验，终于摸索出一套新的制作方法，成功烧出新样式、新风格的"徐式澄泥砚"，获得国家专利局授予的发明专利。这么长久的研制过程，不是在有条件的工厂而是在自家院子进行的。炉子就在身边，制好的砚坯随时可以送入炉中，需要何种工艺，当场便可决断。烧制澄泥砚虽耗时费力，却并不怎么影响他写字作画，一个勤字便使他身心兼顾，整天忙忙碌碌却过得十分充实。

多产的一生

徐文达一生的主要成就在书法创作方面。他长期研习傅山书法，这直接影响了他的创作走向，其大量作品继承了傅山书法。

我对傅山没有研究。从明末各书法大家的共性来看，他们同样是处在乾坤震荡、改朝换代的危难时刻，作品的内涵都带有抒发爱国爱民的悲情色彩。故而傅山作品的抒情性很强，技法、法度则退居其次。文达同志生活在上升和发展居主导地位的革命与建设时期，其心境与傅山不可同日而语。但就傅山书法的抒情性而言，对当今不少书法家仍有吸引力。文达同志是其中的代表。他的许多作品在结字、用笔和布局上十分接近傅山的习惯。我认为最得傅山形神的是他的毛泽东词《忆秦娥·娄山关》刻石和周恩来、朱德诗刻石，其刚中有柔、刚柔相济的笔墨效果，称得上是三十年苦学傅山的成果。另一幅《赤壁怀古》四条屏，也是傅山式的结字用笔，只是连绵般缠绕稍减，可能是使用长锋毛笔书写之故。

文达同志虽以继承傅山书法闻名，但他涉猎很广，并不囿于一体。以草书而言，他学过二王至董其昌的诸法帖，可以写出与傅山面目相去甚远的作品。他创作的毛泽东词《沁园春·长沙》四条屏，以简练的用笔，结实的结体和稳重的布局，成为别一类草书。我认为，此作可以代表徐文达个人草书的面貌——他彻底地出帖了，完全自主了。另一件草书作品《木兰辞》四条屏，与《沁园春·长沙》又有不同，可能是用短锋毛笔书写，点画厚实，字字衔接而不牵连，行行紧凑而不拥挤。可见即使是草书一体，文达同志仍可以追求变化，表现出不同的情性，他对草书的领悟相当深刻。

文达同志于草书之外，还涉猎楷、行、篆、隶各体。我以为他的楷书功底比较扎实，欧阳修《秋声赋》楷书四条屏是他的代表作。他早期临习柳公权多年，但此作属于北碑结体和笔法，字形扁平不似柳字，但点画瘦劲仍有柳骨。另一幅楷书四条屏苏东坡《后赤壁赋》，与欧阳修《秋声赋》同一笔体，但碑味更重，足见文达在主攻草书时，对魏碑也下了功夫。其精力之充沛，非常人可以比拟。

值得一提的是，文达同志除写字外，也常操刀治印。他不以印面而以边款为主攻。他以草书刻制的边款四条屏《前赤壁赋》，布局紧凑，恰到好处。又有行楷边款四条屏《兰亭序》，点画遒劲，布局疏朗。这样在旁款上下功夫的，文达同志是比较突出的一位。

文达同志书法创作上还有一个特点是善写长篇巨制。各种书体的四条屏、六条屏、十条屏数量不少。长手卷则有草书《前赤壁赋》《五柳先生传》《醉翁亭记》《兰亭序》等代表作品。总的来看，文达同志在书法方面涉猎既广，作品又多，不乏大幅精品存世；所以在当代老书法家中，可称高产作家，也是优秀书家，加上治印、制砚和绘画等等，更是一位一专多能的老艺术家。

坦荡的一生

文达同志自接触文艺工作后，先是热衷于音乐、美术和戏剧，后来又陶醉于书法艺术，终生乐此不疲，大有颜回"一箪食，一瓢饮，居陋巷。人不堪其忧，回也不改其乐"之势。他虽然热爱自己的事业，却不因取得成就而自满，相反，对自己要求很严。文达同志谈到他创作草书长卷诸葛亮《前出师表》时说："初试笔时，并没有更多考虑用什么笔法、章法的问题，基本上是乘兴而出、随意用笔……当（写毕）展开一看，觉得太张狂了一些，章法的起伏、轻重有些不协调。总是法度上欠缺，于是以后又重写了几幅。"这段自白表现了文达同志襟怀坦白，敢于爽快地剖析自己的不足。

1997年，文达在北京举办个人书法展时，不少同道对草书《前出师表》和《赤壁怀古》给予了很高的评价。有的评论说:"试看草书《前出师表》卷,完全是一色的徐文达法,'孤蓬自振,惊砂坐飞'的感觉更强了……徐先生试图以草书来表现音乐的旋律,并取得了一定成功,这当然是令人向往的,他可谓认识到草书艺术的灵魂。"文达同志面对别人的赞扬并未沾沾自喜,反而坦言:"我自觉这幅作品至少仍有强作的痕迹,它是'道法自然'的反面。有的地方章法零乱,不仅平铺无味,而且拥挤凝阻,缺少情绪上的变化和生命力。有个别突出的字,上下没有连贯,尚显游离主体。这些都是应该注意的。"由此一段文字,人们完全可以想见徐文达是一位谦虚的长者、一位坦荡的老人。如此公开地自我苛求,当今书法界、文艺界能有几人!

写到这里,不禁感慨系之,斯人已逝,楮墨犹存,精神未已。在《徐文达书法集》付梓之际,谨以此文作为序言,表达同道们对他的怀念。

(2006年夏月于北京)

《徐文达书法集》序二[1]

姚国瑾

20世纪是中国历史上一个重大的转型时期，它的政治变局、文化变局、社会变局，让人目不暇接。种种变局所引发的技术革命、文化革命，一方面给中国的社会进步带来了巨大的影响，一方面给旧有的文化传统以猛烈的冲击。从书法的角度来讲，技术革命使书法赖以维系的基本工具——毛笔，退出了士人们的日常生活，这对书法无疑是一种釜底抽薪式的毁灭；而文化革命则从思想上对书法赖以生存的环境进行了全面的清洗。经过无数场革命的洗礼，到了20世纪末，书法只留下了一些"残渣余孽"。这些"残渣余孽"大致可分为两类：一类是旧有的知识分子，他们无论是主张"西化"者，还是维护"国粹"者，都或多或少地在使用毛笔，书写着祖先们留下的文字；另一类是融入革命队伍的文化人，由于他们对书法的喜爱，终使得书法没有像其他"四旧"那样，被扫进历史的垃圾堆。徐文达先生便是融入革命队伍中的文化人之一。

徐文达，字敬山，号泥翁，又署岩樵，祖籍河北完县，为山西书协创建人之一。曾任中国书法家协会山西分会副主席、山西省博物馆名誉馆长、山西大学师范学院名誉教授。

---

[1] 本序言编入本书时有改动。

徐先生出身书香世家，尽管并不显赫，但彼时门第之风仍未衰落。1922年，先生出生，家人对他寄予厚望。其祖父嗜书画，故先生七岁时已能提笔写字。上小学期间，由于其聪明好学，深得乃师高鼎寿的偏爱，着重指点他学习书法。从此，在他幼小的心灵里深深埋下了书法的种子。年长以后，其略脱幼年所学柳公权《玄秘塔碑》僵滞刻板之习，而转临赵、董，参以圆转流利之笔调。而后，临遍文徵明、颜真卿、"二王"诸帖，以书法名驰乡里。1943年，先生参加革命工作，曾先后担任小学校长、河北保定地委文工团团长。1954年，调山西工作，历任山西省电影发行公司经理、山西省委宣传部文艺干部、运城行署文化局副局长、山西省博物馆馆长。虽工作变换，诸事繁忙，但对书法的雅好一直没有间断。

先生到山西后，因在文化部门工作，有幸接触到傅山的书法，特别是在博物馆工作期间，有条件接触到傅山的原作，被傅山那种气势奔放、豪迈不羁的风格所吸引，遂立意学习傅山。在这一段时间内，他对傅山的作品进行了大量的临摹，并对傅山的用笔技巧、结体特征、章法气息进行了仔细的研究。

立意学傅山，并不等于会囿于傅山作品之形式，而是透过其作品去观照其人品、学识以及其作品本身的文化氛围，从而来反观其作品的气势乃至震撼人心的力量。傅山常言："作字先作人，人奇字自古""平原气在中，毛颖足吞虏"。做人"奇古"、作字"中气"，这是傅山书法的真谛。先生在多年的研究中领悟到傅山书法中这一精髓，故而他主张以人为内，以书为外，互为表里。如果没有人格做支撑，没有学识做资粮，书法则只会成为一种艺术的躯壳。先生作品中的磅礴苍劲、浑厚雄健，或许就是他人格的印记。

立意学傅山，并不等于拒绝其他风格中美的因素，先生是以傅山为本为宗，广泛吸取不同的艺术成分。若只学一家书风就会单一和浅薄，因而显得营养不足。鉴于此，先生或取北碑之沉着，或挹篆隶之稳健，或借山谷之舒展，或法张、怀之狂简，大大地丰富了作品的表现手法。

先生虽专于行草，但亦能以楷法为基，旁通篆隶。傅山云："楷书不知篆隶之变，任写到妙境，终是俗格。"先生之篆，直取石鼓、金文，以得浑厚朴茂之气；隶书则学《礼器碑》《石鼓》，以取其刚健率意；楷书学柳，加以欧、赵及北魏墓志笔意，遒劲稳健、凝练清雅。1996年，先生在北京中国美术馆举办个展，其书表现手法多样，主导风格统一，因而获得了专家的好评。正如读者所言："寓精微于粗放，遒劲中见飘逸，厚积薄发，暮年乃妙，尤其瘦笔草书《五柳先生传》有新的突破，这是'人书俱老'的规律在起作用。"

徐先生于书法之外，还精于篆刻，曾宗齐白石，后追溯秦汉，印风清健峻拔，而他却常自谦："尚在门外。"但对于篆刻边款他还是比较自负。先生刻款，亦楷亦行，亦隶亦草，以石作纸，以刀为笔，似书似刻，富有笔意。如所刻《兰亭序》，参以己意，随手施刀，即见右军笔意，被人誉为"微型字帖"。而所刻草书《前赤壁赋》，刀法精干，筋骨丰润，自然流畅，应是当代篆刻草书边款中之精品。

徐先生还极其重视书法理论的研究，在他担任山西省书协副主席并主持工作期间，筹备创办了山西书协的相关刊物《书法通讯》，这对于加强山西书法界的理论研究和提高山西的书法水平起到了不可估量的作用。同时，先生本身也积极投入理论研究，写出了《书法艺术对立统一规律初探》《古不乖时　今不同弊》《正极则奇生》《异同交流与古今共识》等多篇文章。他认为傅山的"四宁四毋"不是艺术的目的，而只是矫正时弊的一种手段。"文质彬彬"终是书法的真正"君子"之风。

徐先生的书法艺术及其书学思想无疑是传统的。对于20世纪八九十年代当代书法不断发出的强调创新的呼声，他曾提出了自己的一系列看法："创意在于丰富传统，不继承传统就谈不到创新"，"前卫、现代派主张反传统的思潮，在书法界它只不过是一种短期行为"，"按照哲学上相似论的观点，世界上一切新事物的出现，首先要相似它的母体，然后又相似一别的事物，新事物才能产生。反传统首先不像它的母体，又找不出别的可比照的形式，就是什么都不似，是不容易成功的"。其实，这一系列看法并不孤立，正如蒙齐先生在《传统的觉醒》中所说："从70年代末开始，竟然出现一个经久不衰的书法热。对此已经有过许多的分析和说明，都不错，都不尽然。更想不到的是伴随着书法热的还有《孙子》热、《论语》热以及《周易》热等等。与此同时，又传来了海外的骤然崛起的'新儒学'。这就颇有点耐人寻味了。与民族虚无主义相反，书法的复兴本身就是传统的觉醒、传统的回归，就是传统文化的再现，那么反传统就等于反了书法艺术的本身，那还有什么书法创新可言呢？"正因如此，先生对书法的传统的继承不遗余力。即使在他的晚年，仍然勤于临池，极力创作。书法既是他生命的活力，也是他生命的挽歌。因为在他生命的最后时刻，他书写下了一幅又一幅八尺十二条屏《黄河大合唱》。

徐先生为人耿介，在书法的原则问题上绝不随波逐流。但他为人处事却谦恭豁达、虚怀若谷。对后生晚辈，更是循循善诱、潜移默化，因而赢得了大家的赞许与尊重。

今年是徐先生逝世六周年，这本集子或许是对他的最好纪念。

（2006年10月20日于太原南沙精舍）

翰墨自沃土，龙蛇竞笔端
——贺《徐文达书法篆刻集》[1]面世

田树苌

徐文达先生是山西省现代书坛上具有重要影响的著名书法家，他在书法、篆刻、绘画、诗词、制砚、根雕诸多文艺门类都取得令人瞩目的成就。最近，山西人民出版社出版了《徐文达书法篆刻集》，收入先生书法五十七件、绘画六件、篆刻六十六方，实属先生六十年艺术研究与创作成果的集中展现。正如卫俊秀先生在题词中所说："此巨制之问世，足以满足向往者之渴望，实亦艺林中之盛事。"

文达先生于书法四体皆工，尤以行草独擅胜场。先生早岁行草宗法右军、怀素、山谷，壮岁慕傅青主其人其书，遂专攻青主行草。这次集子中以较多的篇幅集中反映了奔放酣畅、沉练苍浑，既有青主风范，又自出机杼。如草书毛泽东词《沁园春·雪》六条屏、岳飞《满江红》四条屏、七律自作诗《书赠老同学》四条屏，均堪称压卷之作。他的龙蛇大草直逼青主，鸿飞鹤舞，矫健恣纵。而他的小行草如《木兰辞》四条屏、《长恨歌》六条屏、《前出师表》长卷等，又呈现一派妍润端丽、典雅雍容气象。先生在艺术上是主张广采博取的，他的行书，脱胎于右军、赵董，俊美流畅、轻清典丽，代表作如岳飞词《小重山》。20世纪

---

1 《徐文达书法篆刻集》，由山西人民出版社1993年出版。

80年代，他又另辟蹊径，在行书领域里开出两个新面目。其一，他吸收黄山谷的开张奇崛、劲健峭拔，如鲁迅诗《亥年残秋偶作》；其二，傅山行书中往往掺以北碑笔意，圆润中辅以峻洁，沉练中寓以飘逸，先生喜其书，故每每以青主法出之。近年，先生行草常常弃连绵为简洁，追求简约、素朴、疏淡、超逸的风格，如近年创作的毛泽东词《沁园春·长沙》四条屏，浑然又进入一个更为深邃的境界。

先生行草丰富多变，同中有异，精彩纷披，为世人激赏。有识者以为文达先生的楷书比行草更为精妙，笔者以为也确乎如此。先生小楷欧阳修《秋声赋》四条屏、《孙膑兵法》摘录，既取法于赵松雪，又糅碑版墓志笔意，工丽精到、清健雅逸，可以说三晋无人比肩。先生亦是山西现代擘窠大字翘楚，所署匾额、楹联见于太原及山右各地，"乐仁堂""鸿宾楼"，仅可见其一斑。

先生篆刻远绍汉印，近取晚清近现代诸大家，刀法精严劲利，风格简朴浑穆。他刻的边款享誉遐迩，如集中所刊边款《兰亭序》《前赤壁赋》，洋洋数百上千字，刀笔互见，游刃有余，被行家称之为微型刻帖。这样高超的技艺，在国内亦不多见。

书作之余，先生亦涉绘事，善作大写意，常取材于日常所见，逸笔草草，不计工拙，颇富哲理性与生活情趣。

文达先生毫不隐讳自己的艺术观点，他是主张书法艺术要雅俗共赏的。他认为，书法离开民族的审美传统，离开广大人民群众的欣赏习惯，将失去它生存发展的土壤。"阳春白雪"高则高矣，毕竟"曲高和寡"。所以先生始终是把"群众喜闻乐见"作为几十年艺术生涯中高度自觉的艺术追求。正是由于这一点，他的书法篆刻集受到普遍的欢迎。

（原载于1994年7月22日《山西日报》）

澄泥砚发展的新阶段
——《徐氏澄泥砚》[1]序

蔡鸿茹[2]

澄泥砚是中国古老的一种砚台制品。其名除和端石、歙石等石类以产地命名者有所区别外，还说明了它的制作原料和过程。它是利用水中的泥沙经过沉淀、过滤后，放置一定的添加剂，经过加工制作，焙烧而成。

澄泥砚兴于唐而盛于宋，其产地有山西、陕西、河北、山东等地。明以后，南方亦有制作。这种制砚工艺与古代砖瓦及陶器的制作工艺有着渊源关系，从一些古墓葬出土的早期泥砚看，质地与当时的砖瓦、陶器相近，似乎是一种过渡阶段，或者只为殉葬品。如甘肃地区出土过汉绿釉陶砚，与当时常见的绿釉陶壶等器物质地相同，属于釉陶，均为殉葬品，无实用价值，发糠、渗水。唐宋以后，澄泥砚逐渐发展出一种专门制作工艺，与制瓦分离开来，一些泥砚背可见"罗土澄泥造"等字样。这些印记，说明了泥砚的制作方法，也给出了这种砚的名字。元代以后，亦见有传世品及出土物，如内蒙古伊克联盟巴林右旗出土的澄泥砚，砚背印有"西京仁和坊李让罗土澄泥砚瓦记"。砚体敦厚，

---

1 《徐氏澄泥砚》，由三晋文化研究会于1996年编印。编入本书时有改动。
2 蔡鸿茹，天津艺术博物馆研究馆员。

是很珍贵的文物。北京通县金墓出土的"见海著"三足澄泥砚——与其类型相仿佛的其他三足砚还有很多——底有铭文数句，为山东制品，这种形制的砚由辽金元一直延续到明。山东柘沟的制品亦流传很多，制作时代由宋可延续到明清。从这些制品看，形制质朴、纹饰简略，多系民间制品。明清时代有些精制之品，大多为传世品，经细审，绝非所谓类澄泥的石质所能替代。质地较前期大为改观，说明制造工艺有了进步。到了清中晚期，还见有一种蟾蜍砚，底印款"陕州工艺局澄泥砚王玉瑞造"。澄泥砚制作方法，虽然有些人法不后传（如吕道人），但从上述各代的制品看，不同的制法一直在民间流传着，只是缺乏科学的记录和整理，没有传播开来。宋代一些书籍上虽有记载，但文人的记载又往往脱离实际，既无详细配方，又无精确剂量，语焉不详。按记载制作往往得不到结果，使人不得其门而入，故而澄泥砚的制法不能被普遍掌握。清末民初，国家处在半封建半殖民地社会，外来品增多，连端、歙两砚的生产尚岌岌可危，澄泥砚则更是奄奄一息了。

从上述情况看，澄泥砚是有其自身的发展史的。其形制既有本身的独特风格，又每与时代风格相应，澄泥砚的形制既有中国传统砚台的特点，又有许多有别于石质砚的特点。如：澄泥砚的砚材是由人工制作的，取材方便，无须像取石材那样费时费工——要经过比取泥更为艰苦的劳动，因而它在古代时一般不像石质名砚那样昂贵；澄泥砚可塑性强，不像雕刻石砚那样往往一刀下去可定全盘，泥砚可以回刀、修改；澄泥砚烧制时的火候、色彩可由人工控制，虽然有些色彩得于无意之中，但大体上的色泽与投放添加剂有一定关系。当然，对于质地的密度、坚实程度则更可由人工控制，烧不到耐磨、不渗水的程度就不称其为砚台了。澄泥砚在古代有一套成熟的制砚工艺，其制品足可与石砚媲美。由于澄泥砚具有这些特点，使得它具有了强大的生命力，并跻身于名砚之列。

将这一优秀的文化艺术遗产继承并发扬，使之继续为当今文化生活服务，今人责无旁贷。而徐文达同志则尽先触动了这神秘莫测的领域，不愧为继承、研制中的佼佼者。

徐公文达，与我是忘年之交，亦是砚友，尽管所居相距遥远，但砚学研究是我们的共同爱好，在此祝贺他编撰出《徐氏澄泥砚》砚录。在砚学研究上，他有一种精神，即他自谓"偏要探索一下古代科技，并且把它'古为今用'"的执着精神。凭着这种精神，他老有所为，孜孜以求、锲而不舍，在探索、发扬、恢复传统的澄泥砚制砚工艺中，付出了巨大脑力劳动和体力劳动。呈现在我们目前的这册砚录，色彩纷呈、形象各异，令人赏心悦目、爱不释手，祖国的文化遗产得以再现光彩，真使人振奋！徐公也从中得到了欣慰和快乐。可有谁知，为这一方方澄泥砚的现世，徐公曾倾注了多少心血，经历了多少磨难、艰辛和痛苦。

  首先在选取原材料上，澄泥砚的家乡在山西，除了山西，其他地方的泥土是否可用？于是他远涉冀、鲁、豫、陇、滇等地，采集了四十余种泥样，经过试验，极大地拓宽了原料产地。而取泥的方法，也突破了古书上的记载。在烧制中，经过千百次试验，较好地掌握了泥质的硬度、密度和吸水率、色彩等诸多问题。在整个研制过程中，不仅发掘了古法，如吕道人法、泽州罗土法，还创造出了许多新法，如光洁法、披金法、炙釉法、水夹层法等。既继承了传统，又发扬了传统、突破了传统，集所有澄泥砚优点之大成，制出了一种新型的澄泥砚，并把这一民间手工艺纳入了科学技术行列。如，《荷鱼砚》系按天津市艺术博物馆珍品明荷鱼朱砂澄泥砚复制的，为此研制出黑红两色的烧制方法，并以"炙釉"称之，仿品可以乱真；《举杯邀明月》砚的质地细润如玉，棕、红、白等各色相晕相渗，浑然一体，犹如太空中彩云萦回，实为极品。其他如《金鲤砚》《水夹层蟾蜍砚》《两色五蝠砚》《三杏砚》《大象砚》《飞黄砚》等，均是不同凡响的佳作。还要说明一点，一方好砚，雕琢也很重要。澄泥砚的雕琢制作亦和石类砚一样，操刀者要有深厚的艺术修养和雕刻功底。徐公是位书法家、画家、篆刻家，胸有文墨品自高，所以他能较好地把色彩与构图、雕琢有机地结合起来，因材施艺，其砚品自然巧夺天工，有着较高的艺术品位。

  如果说古代澄泥砚曾有过辉煌时代，那么当今的澄泥砚则又进入了一个新的发展阶段，由徐文达同志所研制的澄泥砚，为中国砚史谱写了新的篇章。

泥砚飘墨香
——《徐氏澄泥砚》评介

李裕民　董国成

　　古往今来欲舞文弄墨者，必当先有一套行头家当，那便是纸、墨、笔、砚这文房四宝。时至今日，虽说传统的文房四宝已不再是文人案头必备之品，可也仍是书画家不可或缺的书写用品。何况文房四宝作为传统书写工具，早已成为中国传统文化的一部分。砚是文房四宝之一，中国有所谓的端、歙、澄泥、洮河四大名砚。四大名砚中，唯有澄泥砚为泥制。由于诸多因素影响，澄泥砚几经坎坷，几度盛衰，发展到近代其制法已失传。今人要想复活古法，研制出澄泥砚并超越古人，其难度可想而知。所幸的是，徐文达先生历经多年的苦心钻研、艰苦实践，终使澄泥砚重现光彩，并且在制法等许多方面取得了前所未有的新成就。其制法已于1987年获得国家发明专利。随后，徐先生又推出《徐氏澄泥砚》一书，该书共收入自制砚台一百一十方。此书可以说是对当代澄泥砚发展的一个初步总结，实为可喜可贺。

　　徐氏澄泥砚的特色之一是有着较高的直观艺术性。翻开《徐氏澄泥砚》一书，你会感觉自己步入了一个砚台的天地，满眼玑珠，令人乐不思归。徐氏的砚无论造型、色彩，都独具匠心。其造型或古朴典雅、方正厚重，或体势轻盈、自然天成；其色彩或古色古香，富历史意韵，或清新光润，寓浓浓春意。在砚台外形的表现上，徐先生往往采用写实与写意两种手法来传达其特有的艺术情趣。书中有一方《金鲤砚》，造型为金色鲤鱼，鱼周身金黄，鱼鳞清晰，鱼眼鼓凸，呈张口翘尾挣扎状，极富动感，可谓形神兼备、逼真至极，堪称写实的精品，是徐先生写实手法的代表作。书中《三杏砚》《梅月砚》则可称为写意之精品。《三杏砚》周身为深棕色，叶为黑色，三颗娇杏错落有致垂挂枝间，枝叶掩映，让人顿感春意盎然、春风扑面。《梅月砚》中一轮圆月高悬，两枝梅花横斜，如此花好月圆，又怎能不勾起他人悠悠情思？其实更多时候，徐氏的写实与写意手法是合而为一的，《举杯邀明月》砚便是二者完美结合的创造。此砚构思取自李白"举杯邀明月，对影成三人"之诗意，砚中棕、红、白等各色相晕相渗，构成天际的烟云，而圆月正飘然穿梭其间，月影朦胧，月色迷离，月下的李白似乎也在晃动。《举杯邀明月》砚，人物、环境、物象三者浑然一体，形象勾勒出了一幅月夜醉酒图，也道尽了诗仙醉后的狂放与凄清。此砚曾有人出二十万元高价购买，徐文达先生因其有国宝品位，坚不出售。

  一件精美的艺术品往往是多种艺术的结晶。精于诗、书、画、印的徐先生将其多才多艺的艺术才情广泛应用于澄泥砚的制作上，因而其砚常常是熔诗文、绘画、雕刻为一炉，因材施艺，自然巧夺天工，这在一定程度上也提升了其砚台的艺术品位。

  一方砚台，唯有形质兼备才能称得上是真正精品，徐氏澄泥砚不仅艺术性高，而且实用性也很强，这是徐氏砚的第二个特色。关于澄泥砚的质量标准，大体要求是坚实、细腻、湿润、发墨不损毫，尤以发墨至关重要。古代的某些名砚虽"刀之不入，扣之金声"，硬度甚高，可发墨较差，实用效果不佳。徐氏澄泥砚却较好地做到了"腻而利"，即砚台既细润又有摩擦力，发墨效果好。传统的澄泥砚还往往因砚体涩燥而影响其实用效果，徐先生首创的"水夹层"法成功地弥补了这一缺陷。徐氏砚中有一方《水夹层蟾蜍砚》，砚体分为砚盖、砚台、砚底三层结构，蟾蜍腹中为空体，可用来贮水——翻过砚底，从孔中注入水后，水不四溢，这样便可使砚台经常保持润泽，墨液不涸——如此奇妙的结构和很好的实用效果，着实让人叫绝。

　　徐氏澄泥砚之所以能在艺术性和实用性两方面取得较高成就，是因为徐先生既有着较为深厚的文化艺术积淀和多方面的功力才情，又富有勇于实践的精神，有着求是的作风。徐先生既是理论研究者，又是亲手制作者。艺术才情使其砚精美，实践开拓使其砚实用。可以说，徐氏澄泥砚的制作，既包含了科学的探索、艺术的想象，也包含了对传统的继承和发展，更有创新在其间。个中奥妙，唯有徐氏本人自知吧。